Meine chinesische Ehe

Mae M. Franking, Katherine Anne Porter

Writat

Diese Ausgabe erschien im Jahr 2024

ISBN: 9789359945262

Herausgegeben von
Writat
E-Mail: info@writat.com

Inhalt

ICH IN AMERIKA ....- 1 -

II IN SHANGHAI ....- 18 -

III ERSTE SCHWIEGERIN ....- 35 -

IV DIE EWIGEN HÜGEL ....- 51 -

ICH
IN AMERIKA

Ich sah Chan-King Liang zum ersten Mal an einem Montagmorgen im Oktober. Es war der Eröffnungstag des Colleges und die vorangegangene Woche war voller Aufregung, die mit der Ankunft vieler Studenten in einer kleinen Stadt verbunden war, in der das Familienleben im Vordergrund stand. Jeder Haushalt, der ein freies Zimmer besaß, war davon beeindruckt, dass es ein guter Bürger war, einen Studenten darin unterzubringen. Als ich also sah, wie Koffer, Kisten und Taschen auf der Veranda unseres Nachbarn umhergeworfen wurden, sagte ich zu meiner Mutter: „Mrs. James hat nachgegeben!" und machte mich mit Celia, einer alten Freundin, auf den Weg zu meiner ersten Vorlesung.

Als wir den Campus überquerten, bemerkten wir eine Gruppe von Jungen, die sich auf den Stufen der College Hall versammelt hatten und miteinander redeten. Celia drehte sich zu mir um. „Siehst du den mit dem sehr schwarzen Haar, der sein Gesicht ein wenig abgewandt hat – den im grauen Anzug, Margaret? Nun, das ist der neue chinesische Student, und alle Jungen sagen, er ist ein Wunder. Mein Cousin kannte ihn letztes Jahr in Chicago, wo er im ersten Jahr war. Er studierte Völkerrecht und Politikwissenschaft – stell dir das vor!"

Ich drehte mich um und blickte mit schwachem Interesse auf den ausländischen Studenten, auf dessen schwarzes Haar die Sonne schien. Mein erster Eindruck war der eines sehr jungen, lächelnden Jungen. „Sieht ganz gut aus", sagte ich ziemlich unhöflich und wir gingen weiter.

Ich war ein fleißiger Student, der eifrig mit der Arbeit für mein erstes Studienjahr begann, und ich dachte nicht mehr an den jungen Chinesen. Aber einen Tag oder so später erfuhr ich, dass er der Besitzer der Koffer und Taschen war, die ich auf Mrs. James' Veranda versammelt gesehen hatte. Chan-King war mein Nachbar.

Wir wurden einander nie vorgestellt, und obwohl wir gemeinsam Deutsch und Französisch lernten, wechselten wir eine Zeit lang kein Wort. Später bewunderte ich seine Leistung, zwei Fremdsprachen durch Englisch und eine dritte zu lernen, und das so gut. Gleichzeitig, obwohl ich mir dessen damals nicht bewusst war, bewunderte er mich für meine Fähigkeiten in diesen Fächern, an denen ich hart arbeitete, weil ich Sprachen unterrichten wollte.

Mein Interesse an ihm wuchs allmählich und basierte auf dem Gefühl seiner völligen Distanziertheit und auf der völligen Unfähigkeit, ihn als Menschen wie den Rest von uns zu betrachten. Er war der erste seiner Rasse, den ich je gesehen hatte. Aber schließlich sprachen wir zufällig miteinander, und danach schien es unnötig, mich zu weigern, ihn an einem bestimmten Morgen, als wir im selben Moment aus unseren Häusern kamen, mit zum Unterricht zu gehen.

Wir verabschiedeten uns an der Tür des College Hall mit einem Austausch informeller Nicken. Ich war angenehm beeindruckt, aber mein Drang nach Freundschaft wurde durch alles, was Chan-King war, im Vergleich zu seiner Rasse, wie ich sie sah, schnell unterdrückt. Ich hatte nicht die geringste Absicht, unsere Verbindung fortzusetzen.

Natürlich wusste Chan-King nichts davon. Ich glaube, ich war ihm gegenüber ein bisschen höflicher als nötig. Ich erinnere mich, dass ich mich unwohl fühlte, weil ich Angst hatte, ihn mit einer unbedachten Bemerkung zu verletzen, die meine wahre Einstellung gegenüber China offenbaren würde. Ich verlor die Rasse im Individuum aus den Augen. Ich tat sogar so, als würde ich nicht bemerken, dass er jeden Morgen auf mich wartete, wenn ich auf die Schule kam, immer ein bisschen zu spät, weil ich es eilig hatte, zum Unterricht zu gehen. Gegen Ende des ersten Semesters machten wir die Reise fast täglich gemeinsam, ganz selbstverständlich.

Er war fröhlich und freundlich und strahlte eine Art aufrichtige Fröhlichkeit aus, die seine besondere Gabe für das Leben war. Ich genoss seine Gesellschaft, seine Gespräche, seine großartige Seele. Seine Fröhlichkeit war ein ständiger Ansporn für mein launisches, nachdenkliches, statisches Temperament. Ich studierte sein Gesicht, das in der Ruhe die echte orientalische Unbeweglichkeit hatte – eine Reglosigkeit, die innere Stille oder Grübelei suggerierte. Aber diese Stimmung war damals selten, und ich erinnere mich am besten an sein Lachen, seine glänzenden Augen, die nie die Fröhlichkeit verpassten, die die alltäglichen Ereignisse mit sich brachten.

Eine Zeit lang waren wir bloß zwei sehr konventionelle junge Studenten, die ruhig nebeneinander hergingen und eifrig über Themen sprachen, die uns heute amüsant und nüchtern vorkommen und die wir sorgfältig ausgewählt haben. Wir waren beide entschlossen, würdevoll und unpersönlich zu sein. Ich war neunzehn und Chan-King war zwei Jahre älter.

Schließlich bat Chan-King um einen Besuch und erschien am Abend an der Tür, beladen mit einem riesigen, unregelmäßigen Paket, einer Sammlung von Schätzen, von denen er dachte, dass sie uns interessieren könnten. Wir versammelten uns alle um den Bibliothekstisch, wo er eine flammende Auswahl bestickter Seide, geschnitzter Elfenbein- und Sandelholzstücke und eigentümlicher kleiner Bilder aus Bronze und Schwarzholz ausbreitete. Sie verströmten einen köstlichen Duft, würzig und warm und süß, mit einem bitteren Beigeschmack, eine Mischung aus Ölen und Lacken und Weihrauchstaub.

Er war sehr stolz auf ein halbes Dutzend Krawatten, die seine Mutter für ihn gemacht hatte, sorgfältig nach dem Vorbild der amerikanischen Krawatte, die er ihr als Souvenir geschickt hatte. „Sie näht viel, und alles, was sie macht, ist wunderschön", sagte er und streichelte eine der Krawatten, die aus weinfarbener Seide gefertigt und mit einem dünnen Goldfaden bestickt waren.

Die einfachen Worte, das Gewirr der exotischen Dinge, die auf dem Tisch lagen, brachten in diesem Moment eine ganze Welt zwischen uns. Er erschien mir fremd, weit entfernt und unergründlich; ich erkannte, wie vollkommen verpflanzt er sein musste, da er sich in einem Land bewegte, dessen Ideale, Sitten und Bräuche ihm manchmal grotesk fantastisch erscheinen mussten. „Wie seltsam müssen wir Ihnen vorkommen!", rief ich impulsiv aus und hob ein solides, dickes kleines Götzenbild in meiner Hand.

„Komisch? Überhaupt nicht – aber in jeder Hinsicht wunderbar interessant. Sehen Sie, für mich ist das alles eine Welt!" Unsere Blicke trafen sich für eine Sekunde. Dann bot er mir eine kleine bestickte chinesische Flagge an. Ich zögerte, als ich den sich windenden, feuerspeienden Drachen aus bunter Seide betrachtete. Wieder überkam mich das alte Vorurteil. Ich war kurz davor abzulehnen. Aber ich sah in seinen Augen einen Ausdruck zögernden, halb ängstlichen Flehens, der mich berührte. Ich nahm die Flagge und war ein wenig verwirrt über den Blick, den ich überrascht hatte.

Chan-King wurde abends zu einem häufigen Gast bei uns zu Hause und freundete sich mit meinem Vater und meiner Mutter an, mit echter chinesischer Ehrerbietung. Ich erinnere mich gern an diese Zeiten, als wir alle um den großen Tisch saßen, die Lampe mit Schirm einen klaren Lichtkreis auf die Bücher und Papiere warf und der Rest des Zimmers in angenehmes Dämmerlicht gehüllt war. An diesen Abenden erzählte uns Chan-King von seinem Vater, einem typischen chinesischen Produkt seines Clans und seiner Zeit, der schon früh die Beschränktheit einer allzu nationalistischen Sichtweise erkannt und eine westliche Ausbildung für seine Söhne geplant hatte, von denen Chan-King der älteste war. Aus seinen Erzählungen rekonstruierte ich ein ungefähres Bild seines Hauses in Südchina. Es war ein großer Haushalt mit Brüdern, Verwandten und Bediensteten, über den seine Mutter während der längeren Abwesenheit seines Vaters herrschte, dessen Geschäftsinteressen in einem weit entfernten Inselhafen lagen.

Einmal brachte er ein verblasstes Foto mit, auf dem ein kleiner Junge in den chinesischen Samt und Satin einer früheren Zeit gekleidet war. „Ich selbst im Alter von sechs Jahren", erklärte er.

Ich betrachtete das Bild genau. „Aber, Herr Liang", sagte ich verwundert, „Sie tragen einen – tragen einen – Zopf!"

Er lächelte, erfreut über meine Verwirrung. „Ja, es war ein sehr schöner Zopf", erklärte er, „mit einer scharlachroten Seidenschnur zusammengebunden. Ich weiß noch, wie er im Wind wehte, als ich meinen Drachen über die Berge steigen ließ!"

„Du hast selbst einen schwarzen Zopf getragen, Margaret", warf meine Mutter mit funkelnden Augen ein, „kürzer als dieser, aber oft mit einem roten Seidenband zusammengebunden."

„Siehst du, das hatten wir zumindest gemeinsam", sagte Chan-King. Und er schenkte Mutter ein dankbares Lächeln. Zwischen meiner freundlichen, verständnisvollen Mutter und Chan-King bestand eine feste Freundschaft, während meine Gefühle für ihn noch unsicher waren.

Trotz all dieser Gründe, Chan-King sehr zu mögen, empfand ich manchmal etwas für ihn, das beinahe an Abneigung grenzte. Gegen solche Gemütszustände rebellierte sofort mein Sinn für persönliche Gerechtigkeit, ein Merkmal, das ich direkt aus meinem schottischen Erbe mitgebracht hatte. Ich achtete darauf, meine Gefühle auf keinen Fall zu offenbaren, obwohl ich das wahrscheinlich getan hätte, wenn mir auch nur im Entferntesten bewusst gewesen wäre, dass die Freundschaft an Liebe grenzte. So wie es war, hatte ich ein Ideal echter Kameradschaft, eines angenehmen Zwischenspiels, das mit unserer Collegezeit enden sollte.

Gegen Ende des Winters, als unsere Bekanntschaft fortschritt, überkam mich eine Reihe solcher Abscheugefühle. Ich versicherte mir, dass eine so flüchtige Beziehung wie unsere kaum die Zeit wert war, die ich ihr widmete. Ich erinnerte mich daran, dass Chan-King, so gut er auch war, der chinesischen Rasse angehörte. Ich beschloss, der ganzen Episode sofort ein Ende zu setzen. Die Art und Weise, wie ich diesen Plan ausführte, war unnötig abrupt. Ich mied ihn eindeutig, ging zum Unterricht und kehrte auf Umwegen nach Hause zurück und weigerte mich, ihn weder im Unterricht noch auf dem Campus zu sehen.

Dann, eines Nachmittags nach zwei Wochen, wartete er vor dem Haupteingang des College Hall auf mich. Ich sagte kein Wort. Er gesellte sich wortlos zu mir und ging schweigend zum Rand des Campus. Plötzlich bog ich in eine Seitenstraße ab. „Gehen Sie dort entlang, wenn Sie wollen“, sagte ich unhöflich. „Ich habe hier einen Auftrag.“

Er kam mit mir. „Ich möchte mit Ihnen sprechen“, sagte er mit einem seltsam zurückhaltenden, geduldigen Ton der Müdigkeit. Unsere Blicke trafen sich, und ich sah in seiner sanften und rührenden Entschlossenheit, zu verstehen und verstanden zu werden, die für mich bedeutsamer gewesen wäre, wenn ich weniger in meine eigenen Gefühle vertieft gewesen wäre.

„Warum möchten Sie unsere Freundschaft beenden?“, fragte er ruhig und mit der ihm eigenen Offenheit.

„Ich – weil ich dachte, es wäre das Beste“, stammelte ich völlig entwaffnet.

„Es ist nie das Beste, eine Freundschaft aufzugeben“, sagte er. „Aber es kommt vor, dass unsere Freundschaft doch bald zu Ende geht. Es ist möglich, dass ich nach China zurückkehren muss. Heute habe ich ein Telegramm von meinem Vater erhalten, in dem steht, dass meine Mutter gefährlich krank ist. In etwa einem Tag werde ich wissen, ob ich gehen oder bleiben soll.“

Menschliches Mitgefühl siegte über Rassenvorurteile. „Komm mit mir nach Hause“, sagte ich, „und lass Mutter mit dir reden. Sie weiß immer, was sie sagen muss.“

Zwei Tage später brachte ein weiteres Telegramm die gute Nachricht, dass es seiner Mutter besser ging. Chan-Kings Angst während dieser zwei Tage zermürbte mich. Er sagte nichts, aber sein Gesicht war angespannt und faltig. Er ging spazieren, und wir sprachen über viele andere Dinge, und er gab mir konkrete Umrisse seines „Lebensplans“, wie er es nannte. Er betrachtete den diplomatischen Dienst seines Landes als sein Endziel, aber auf dem Weg dorthin wollte er an konstruktiver Lehr- und soziologischer Arbeit in China teilnehmen. Er war begeistert von den alten Künsten und Naturschönheiten Chinas und verehrte viele ihrer alten Bräuche. „Ich hoffe, dass die Einführung einer modernen Bildung die Schönheit des Ostens nicht zerstören wird“, sagte er mir, aber er war fest davon überzeugt, dass im gesamten Orient neue Ideen nötig seien. Ich begann, sein Land mit neuen Augen zu sehen.

Bald waren wir viel zusammen unterwegs. Ich erinnere mich an viele fröhliche Partys auf dem von Laternen erleuchteten Campus, an viele Sportveranstaltungen und Tennisspiele, an all die unschuldige Freiheit des College-Lebens, die wir zusammen genossen. Meine persönlichen Freundschaften pflegte ich eher distanziert, und man sprach nur sehr wenig mit mir über meine Verbindung zu dem chinesischen Studenten. Doch nun hörte ich leises Gemurmel, ein vages Gesprächsgemurmel und bemerkte, wie die Studenten und die Stadtbewohner uns interessiert beobachteten. Ich konnte nicht umhin zu bemerken, dass uns neugierige Blicke folgten, wenn wir zusammen eine Teestube oder einen Konzertsaal betraten.

Mehrere Freunde meiner Mutter äußerten sich missbilligend zu dieser Angelegenheit. „Und wenn sie sich verlieben – heiraten?", fragte eine konventionell denkende alte Dame. Aber meine Mutter wurde ohne Vorurteile geboren und kennt keine Grenzen oder Nationalitäten. Sie war unendlich taktvoll und freundlich. Ich weiß jetzt, dass sie sich ziemlich unwohl fühlte, denn sie fand, dass die Ehe eine schwierige Beziehung ist, wenn jeder die Herkunft und die Formeln des anderen kennt; aber sie sagte nichts, was mich verunsichert hätte, und wiederholte die Bemerkungen ihrer Bekannten erst viel später.

Ich hörte jedoch Kommentare aus anderen Quellen, die mich ein wenig irritierten und die ganz natürliche Wirkung hatten, meine Loyalität zu Chan-King zu stärken und manchmal eine sehnsüchtige Zärtlichkeit in mir zu wecken, ihn vor Ungerechtigkeit zu schützen. Zu dieser Zeit äußerten wir vorsichtig unsere Ansichten über Mischehen. Wir saßen eines späten Nachmittags auf der Veranda. „Ich glaube, Heiraten zwischen fremden Rassen sind ein Fehler", sagte ich in der entschiedenen Art, die ich damals entwickelte. „Es ist besser, Leute aus der eigenen Art zu heiraten."

„Zweifellos gibt es weniger Schwierigkeiten", antwortete er ohne Überzeugung. „Es ist alles eher ein persönliches Problem. Ehen zwischen Amerikanern scheinen nicht immer erfolgreich zu sein."

Ich raste aus. „Wir hören nur von den Unglücklichen", erwiderte ich.

„Aber es gibt doch viele, viele unglückliche Ehen", erwiderte er sanft. „Ich frage mich, ob unglückliche Ehen in allen Ländern nicht auf Egoismus und Mangel an Liebe und auf mangelnde Kompromissbereitschaft bei unwichtigen Meinungsverschiedenheiten zurückzuführen sind."

Hier konnten wir uns unmöglich streiten, und unser Gespräch verlief in einem freundschaftlichen Rahmen.

Meine Gedanken beim Abendessen an diesem Abend kommen mir, wenn ich mich jetzt daran erinnere, sehr amüsant vor. Als wir zusammen am Tisch saßen, war Chan-King einer von uns so ähnlich, dass ich mich fragte, ob es wahr sei, dass eine chinesische Ehefrau nicht mit ihrem Ehemann am selben Tisch aß; ob sie ihn tatsächlich bediente und ihm in allem bedingungslos gehorchte; ob Chan-King bald nach China zurückkehren und dort ein unerträglicher, autokratischer Ehemann aus dem Osten werden würde. Der Gedanke bedrückte mich unerträglich. Da Chan-King am nächsten Tag zu einer Sommerurlaubsreise aufbrach, war dies ein Abschiedsessen. Er bestand darauf, mir anschließend beim Abwasch zu helfen, denn unser Haushalt war einfach und wir hatten normalerweise kein Dienstmädchen. Wir waren sehr fröhlich bei dieser Aufgabe. „In China", gestand er, während er die Untertassen stapelte, „ist das Los der Frauen viel einfacher. Sie haben Diener für alles dieser Art. Ich kenne eine Engländerin, die einen Chinesen heiratete und später an einem College unterrichtete, um etwas zu tun zu haben."

„Das hat sie ganz richtig gemacht", sagte ich. „Müßiggang ist für niemanden gut."

„Chinesische Ehefrauen sind nicht untätig", antwortete er ernst, „sie haben viele Pflichten für jeden in ihrem Haushalt."

Dann richtete er seinen Blick auf mich, mit einem intensiven, inneren Blick. Weil ich beeindruckt war, entschied ich mich, leichtfertig zu sein.

„Wenn ich Ihnen die Sicht versperre, werde ich umziehen", sagte ich.

„Es würde nichts nützen", antwortete er. „Du bist immer da – wohin ich auch blicken will."

Später schrieb er seinen Namen in chinesischen Schriftzeichen auf ein Foto, das er meiner Mutter geschenkt hatte. Ich stand neben ihm. Er ließ den Stift fallen, drehte sich zu mir um und nahm meine beiden Hände in seine. Er beugte sich zu mir, und ich wich ihm mit entschiedenem Kopfschütteln aus. Ich riss eine Hand los, und der Kuss, den er für meine Lippen bestimmt hatte, erreichte stattdessen meine Finger. Ich fühlte mich von einem Übergriff überwältigt. Wir stritten, aber ohne Bitterkeit oder echte Wut. Ich war einfach davon überzeugt, dass wir, da Liebe nichts für uns war, nach allen ethischen Grundsätzen verpflichtet waren, unsere Beziehungen nach außen hin als Freundschaft zu erhalten. Einen Moment lang hatte ich das Gefühl, eines meiner Ideale sei unsanft zerstört worden.

„Oh, aber Sie haben mich missverstanden!", erklärte er ernst und weigerte sich, meine Hand loszulassen.

„Küsse sind nichts für die Freundschaft", brachte ich heraus.

„Es tut mir leid", gestand er, aber ich sah in seinen Augen, dass er mein Missverständnis ihm gegenüber bedauerte, mehr nicht.

Während seiner Sommerreisen schrieb er mir viele Briefe. Ich hatte Zeit zum Nachdenken und in Gedanken gestand ich mir ein, dass es besser war, mit Chan-King befreundet zu sein, als die Liebe von irgendjemand anderem auf der Welt zu haben.

Als er zurückkam, gingen wir eines Abends zusammen zum Campus und setzten uns auf eine Steinbank im Mondschatten eines hohen Baumes. Ich hatte eine Bemerkung gehört, die von Rassenvorurteilen geprägt war und in meinem Herzen wieder jene brütende mütterliche Zärtlichkeit erweckte, und als Chan-Kings Augen sehnsüchtig flehten, gab ich ihm wie ein Opfer den Kuss, den ich ihm zuvor verweigert hatte.

In diesem Herbst wechselte er für ein Jahr an eine Universität in Neuengland. Lange danach erzählte er mir, dass er das getan hatte, damit ich durch die Abwesenheit mein eigenes Herz kennenlernen konnte. Ich liebte ihn jetzt und gestand mir das mit bitterer Ehrlichkeit ein. Aber jede Erfüllung meiner Liebe schien so hoffnungslos und fern, die Kluft zwischen unseren Rassen schien so unüberwindbar, dass ich in meinem Herzen aufgab und seine Briefe weglegte, wie sie kamen, und mit gespieltem jugendlichen Zynismus bei der Erinnerung an diesen Kuss lächelte, der für uns nichts weiter bedeuten konnte als eine süße und beunruhigende Erinnerung.

Er kam unerwartet am Ende des College-Semesters zurück. Als er meine Hände nahm, lag ein unbeschreiblich hoffnungsvoller, ängstlicher Ausdruck in seinen Augen. Als ich zum ersten Mal sein Gesicht sah, das in diesen langen Monaten älter und ernster geworden war, überkam mich ein Schock ergreifenden Glücks, der mich den Tränen nahe brachte. Unvorbereitet begegneten wir uns als Liebende, alle Feindseligkeiten waren für einen Moment wie weggefegt, alle Vorwände vergessen. Ich ging in seine Arme als meinen einzigen sicheren Hafen. Für diese Stunde machte die Liebe alles einfach und glücklich.

Mein Vater und meine Mutter waren erstaunt, als wir ihnen von unserer Heiratsabsicht erzählten. Mit sanfter Weisheit schlug Mutter vor, dass wir uns ein Jahr Verlobungszeit gönnen sollten, „um sicherzugehen", wie sie es ausdrückte. Wir waren uns sehr sicher, aber wir stimmten zu.

Chan-King schrieb sofort an seine Leute in Südchina und berichtete von seiner Verlobung. Für mich hatte er eine wichtige Erklärung parat, die er in seiner offenen, direkten Art vorbrachte. „In China", erzählte er mir, „ist es üblich, dass Eltern die Hochzeiten ihrer Kinder arrangieren, oft Jahre im Voraus. Als ich noch sehr jung war, war es allgemein bekannt, dass ich später die Tochter eines guten Freundes meines Vaters heiraten würde, die drei Jahre jünger war als ich. Es gab keine formelle Verlobung, und als ich zum Studium von zu Hause wegging, bat ich meinen Vater, bis zu meiner Rückkehr keine konkreten Pläne für meine Hochzeit zu machen. Das Thema wurde seitdem nie mehr erwähnt, und ich weiß nicht, was er jetzt vorhat. Aber für uns können sie keinen Unterschied machen – verstehst du das, Margaret, Liebes?" Wieder fühlte ich mich geistig mit unbekannten Kräften konfrontiert und wunderte mich über seine Gelassenheit, mit der er sich den Ansprüchen seiner Abstammung widersetzte.

Seine Familie antwortete auf seinen Brief mit einem Telegramm, das die Heirat verbot. Ich hatte nie ernsthaft eine andere Entscheidung erwartet. Es folgte ein Brief in versöhnlichem Ton, in dem sein Vater erklärte, da Chan-King Auslandsausbildung fast abgeschlossen sei, seien Vorbereitungen für seine Heirat mit Miss Li-Ying unmittelbar nach seiner Rückkehr nach Hause getroffen worden. Er gab eine bezaubernde Beschreibung seiner Braut, die Chan-King seit zwölf Jahren nicht gesehen hatte. Sie sei, sagte er, jung und bescheiden und freundlich, sie sei schön und wohlhabend und habe außerdem eine moderne Ausbildung erhalten, um sie auf die Position der Ehefrau eines fortgeschrittenen Chinesen vorzubereiten. Die Verbindung sei von beiden Familien sehr erwünscht. Abschließend bat der Brief dringend darum, dass Chan-King es seinem Vater nicht unmöglich machen möge, den Vertrag zu erfüllen, den er mit einem Freund geschlossen hatte, und deutete sehr sanft an, dass er damit jedes Recht auf weitere Erwägungen verwirken würde.

Es gab noch weitere Briefe. Ein amerikanischer Freund, ein Missionar, schrieb – oh, sehr taktvoll – von den Schwierigkeiten, die es für ihn hätte, im Orient eine amerikanische Frau glücklich zu machen. Ein chinesischer Cousin beschrieb ausführlich die Sorgen, die eine ausländische Schwiegertochter in sein Haus bringen würde – die Bitterkeit, eine fremde und sture Frau in der Familie zu haben, die nicht bereit wäre, seinen Eltern die ihnen gebührende Ehre zu erweisen oder ihnen die Dienste zu erweisen, die sie von der Frau ihres Sohnes erwarten würden.

Viele Briefe dieser Art kamen in Gruppen. In diesen Briefen lag ein hoffnungsloser Ton der Endgültigkeit, ein solides Clanbewusstsein, das mich ein wenig erschreckte. Ich war unruhig, unsicher. Ich hatte keine unvereinbaren Elemente in unseren Köpfen gefunden, denn ich war ein sehr konservativer Westler und er ein sehr liberaler Ostler. Aber hier waren die Menschen vertreten, mit denen er sein Leben verbringen musste, und der soziale Hintergrund, vor dem es sich harmonisch entfalten musste. Ich spürte mit schrecklicher Kraft, dass es nicht Chan-King war, sondern Chan-Kings Traditionen und Vorfahren, seine gewaltige Rassenvergangenheit, mit der ich rechnen musste.

Außerdem wollte ich seiner Zukunft nicht im Wege stehen. Ich bezweifle, dass ich den Mut gefunden hätte, Chan-King zu heiraten, wenn ich damals erkannt hätte, wie wichtig – besonders in diplomatischen und politischen Kreisen – der Einfluss von Clan und Familie in China ist. Aber er gab ihn so bereitwillig auf, mit so selbstsicherer und reueloser Fröhlichkeit, dass ich seine Stimmung einfach teilen musste.

In diesen ruhigen, logischen, unpersönlichen Familienbriefen, die Chan-King für mich übersetzte, lag ein Hauch von unheimlicher Philosophie, der mich beim Lesen erschauern ließ. Die Briefe drehten sich ausschließlich um seine

Pflicht in all ihren verschiedenen Facetten – gegenüber seinen Eltern, seinen Vorfahren, seinem Land, seiner eigenen Zukunft. Nichts von Liebe! Nur ein Verwandter – ein Cousin – erwähnte sie überhaupt, und zwar folgendermaßen: „Du bist jetzt jung, und für die Jugend scheint die Liebe von großer Bedeutung zu sein. Aber wenn das Alter die Jugend ablöst, wirst du feststellen, dass die Liebe wie Wasser verrinnt."

„Das ist nicht wahr, Chan-King", sagte ich mit feierlicher Überzeugung. „Liebe ist größer als Leben oder Alter; sie lebt über den Tod hinaus. Es ist die Liebe, die Ewigkeit schafft!"

Zu diesem Zeitpunkt verstand Chan-King meine mystische Interpretation der Liebe noch nicht ganz. Aber er antwortete sehr glücklich: „Dich zur Frau zu haben, ist alles wert, was die Welt zu bieten hat."

Chan-King schrieb seiner Familie weiterhin kurz und respektvoll und ließ sich in keiner Weise beeinflussen. Antworten kamen in immer längeren Abständen und hörten dann auf. Es gab keinen offenen Bruch, kein gewaltsames Zerreißen von Banden. Höflich und ganz sanft löste sich die Hand seines Volkes von ihm und er stand allein da.

„Aber deine Mutter wird dich doch sicher nicht aufgeben!", rief ich eines Tages aus, als mir klar wurde, dass sie in all ihrer Korrespondenz nicht eine einzige Nachricht geschickt hatte.

„Nicht in ihrem Herzen", sagte er mit unerschütterlichem Glauben, „aber natürlich wird sie mir nicht schreiben, wenn mein Vater es missbilligt."

„Aber eine Mutter, Chan-King!", protestierte ich. „Ihre Gefühle stehen doch immer an erster Stelle!"

Chan-Kings Ton war geduldig, wie jemand, der eine offensichtliche Tatsache schon oft erklärt hat. „In China", erinnerte er mich erneut, „steht die Familie immer vor dem Individuum. Aber bei dir und mir, geliebte Margaret, steht die Liebe an erster Stelle."

Sein unermüdliches Beharren darauf, unsere Beziehung als Einzelfall zu betrachten, der nicht nach gewöhnlichen Maßstäben beurteilt werden darf, war für mich immer eine Quelle großer Kraft. In der kurzen Zeit vor unserer Hochzeit stritten wir uns ein paar Mal auf die konventionellste Art und Weise, mit Eifersuchtsanfällen, die keine Grundlage hatten; kleine Misstrauen, die meinerseits bloße Versuche waren, meinen, wie ich es für meinen eigenen weiblichen Stolz hielt, aufrechtzuerhalten, und seinerseits oft ein Versäumnis waren, dieses charakteristische Temperament von mir zu ignorieren. Aber irgendwie war in unseren Streitereien nie Groll. Nicht ein einziges Mal verleugneten wir unsere Liebe zueinander.

Also planten wir, sofort zu heiraten. Es gab keinen Grund, warum wir weiter warten sollten. Das heißt, keinen außer praktischen Gründen, und was haben die mit verliebten jungen Leuten zu tun? „Es ist ein bisschen spät für uns, um mit praktischen Überlegungen anzufangen", sagte Chan-King fröhlich, als wir über Mittel und Wege diskutierten. „Aber wir könnten das Experiment genauso gut wagen."

Chan-King war nicht länger bloß ein Student, der von einem reichen Vater ein großzügiges Taschengeld bekam. Er war gerade dabei, sich aus eigener Kraft, ohne Abschluss seiner Ausbildung, eine ausländische Frau zu suchen und sich einer unbekannten Welt zu stellen. Wir nahmen das alles seltsam unbeschwert hin. Chan-King hatte seit seiner Ankunft in Amerika regelmäßig mehr als die Hälfte seines Taschengeldes zur Seite gelegt. Ich wollte Sprachlehrer werden und wirtschaftlich unabhängig sein, wenn die Umstände eine solche Hilfe für einen Mann am Anfang seiner Karriere erforderten. Unsere Pläne waren bald verwirklicht. Am Ende eines weiteren Semesters, das wir gemeinsam beenden wollten, würde Chan-King seinen Abschluss machen und dann, nach einem Jahr Berufspraxis, nach China zurückkehren, um dort sein Lebenswerk zu beginnen. Ich sollte ihm später folgen. Soweit wir es beurteilen konnten, hätte nichts herrlicher und einfacher sein können. Ein paar Tage später wurden wir im Haus meiner Mutter von einem anglikanischen Geistlichen getraut. „Natürlich wirst du hier bei uns wohnen, bis du nach China gehst", hatten meine Eltern gesagt. „Wir wollen unsere Kinder bei uns haben, wenn du hier glücklich sein kannst."

Für Chan-King, der an ein Familienleben gewöhnt war, schien dies eine ganz natürliche Vereinbarung zu sein. Aber ich war besorgt. Die im Westen weit verbreitete Vorstellung, dass Menschen nicht befreundet sein können, wenn sie gesetzlich verwandt sind, belastete mich sehr. Ich erwartete keine drastische Veränderung des Temperaments zwischen meinem chinesischen Ehemann und mir, sah aber einer schwierigen Zeit kleiner Komplikationen aufgrund unterschiedlicher häuslicher Gepflogenheiten und der Routine des täglichen Lebens etwas ängstlich entgegen.

Ich hätte mir keine Sorgen machen müssen; ein wunderbarer Geist der familiären Zusammenarbeit war ein wichtiger Teil von Chan-Kings orientalischem Erbe. Vom Tag unserer Hochzeit an nahm er mit bezaubernder Leichtigkeit und Natürlichkeit seinen Platz als Mitglied des Haushalts ein. Die Zuneigung, die zwischen meinem Mann und meinen Eltern bestand, vereinfachte diese Phase unserer Beziehung vollkommen und ließ uns die Freiheit, uns aneinander und an die Welt anzupassen, obwohl wir letztere kaum beachteten. Bis ich Chan-King traf, war der Gedanke, aufzufallen, für mich unerträglich. Aber als ich früh begriff, dass ich die Blicke neugieriger Leute auf mich zog, wenn ich mit ihm irgendwo auftauchte, entdeckte ich überrascht, dass das überhaupt nichts ausmachte. (Ich war sehr stolz auf meinen Mann und ging gern mit ihm umher.) Wir waren von Anfang an glücklich.

Das gemeinsame Leben zu entdecken erwies sich als ein großartiges Abenteuer, das sich täglich erneuerte. Die tiefe Zuneigung und Zärtlichkeit zwischen uns schufen ein subtiles Verständnis, das zu fein war, um es in Worte zu fassen. Ein kurzer Blick, der während einer Gesprächspause ausgetauscht wurde, vermittelte oft einen vollständigen Gedanken. Ich hatte immer das Gefühl, dass Chan-King schärfere Wahrnehmungen, mehr Zurückhaltung und mehr Fantasie hatte als ich. Außerdem war er – was ich nicht war – in Bezug auf kleine Annehmlichkeiten sehr genau. Ich war es immer gewohnt gewesen, meinen eigenen Weg zu gehen, ohne jemand anderem Unbehagen zu bereiten, aber ich stellte fest, dass ich nicht unbedacht sprechen oder gedankenlos handeln konnte, ohne sein Gefühl für die Angemessenheit der Dinge zu verletzen. Meine größte Schwierigkeit in den ersten Monaten unserer Ehe bestand in meinem ständigen Bemühen, meine Denk- und Handlungsweise einem hochtrainierten und kritischen Temperament anzupassen, für das die zweitbeste Verbindung, sei sie geistiger, mentaler oder materieller Natur, nicht akzeptabel war. Doch wenn er viel verlangte, gab er mehr. In allem war er so aufrichtig und spontan großzügig, dass er eine ähnliche Eigenschaft in mir weckte.

Ich bin in vielerlei Hinsicht der elementare Frauentyp, der, wie ich weiß, in der Liebe ein gewisses Maß an Dominanz verlangt. Es war zwingend erforderlich, dass ich meinen Mann respektierte, und es freute mich, bei unseren verschiedenen kleinen häuslichen Krisen zu entdecken, dass er weitaus willensstärker war. Ich hatte gelobt, zu gehorchen, und hatte ausdrücklich festgelegt, dass das Wort bei der Hochzeitszeremonie nicht ausgelassen werden dürfe. Wie ich es unter einem tyrannischen Willen hätte halten sollen, weiß ich nicht, denn Chan-King war kein häuslicher Diktator. Er hielt es für selbstverständlich, dass wir in unseren eigenen Lebensbereichen Partner und gleichberechtigt waren. Er vertraute meinem Urteilsvermögen bei der Handhabung meines Teils unserer Angelegenheiten und kam in späteren Jahren oft zu mir, um sich in seinen eigenen Angelegenheiten Rat zu holen. Dennoch lag das moralische Kräfteverhältnis in seinen Händen, und ich war froh, es dabei zu belassen. Oft endeten unsere Meinungsverschiedenheiten in Gelächter, weil jeder von uns allmählich von seiner zuerst eingenommenen Position abwich, bis wir in der Diskussion fast die Seiten gewechselt hatten. Das geschah immer wieder.

Von Anfang an sah ich klar und deutlich, wo Chan-Kings orientalischer Geist und seine abendländische Erziehung am heftigsten in Konflikt gerieten: meine Einstellung zu anderen Männern und ihre Einstellung mir gegenüber. Er war nie niederträchtig eifersüchtig oder misstrauisch, aber in ihm steckte dieser unbezwingbare östliche Sinn für Exklusivität in der Liebe, diese Wertschätzung persönlichen Besitzes, die für die durchschnittliche westliche Vorstellungskraft so unfassbar ist.

Ich hatte vor, während der Sommermonate im Rahmen meiner Ferienarbeit einem jungen Mann Französisch beizubringen, und teilte Chan-King meine Absicht beiläufig mit. Er war sofort dagegen, was ich für unfair hielt. Es dauerte eine ganze Weile, bis ich ihn davon überzeugte, seine wahren Gründe für seine Einwände zuzugeben. Schließlich sagte ich etwas beiläufig: „Wenn meine Schülerin ein Mädchen wäre, würde es Ihnen nichts ausmachen."

„Sie haben schon genug Arbeit", beharrte er, aber ohne Entschiedenheit, und sein Blick wandte sich von meinem ab. Ich lachte ein wenig. Er wandte mir ein so bekümmertes Gesicht zu, dass mein Lächeln plötzlich erlosch. „Oh, lachen Sie nicht!", sagte er mit schmerzhaftem Ernst. „Sie müssen im Auge behalten, was Sie für mich sind. Ich – kann nicht anders sein. Es tut mir leid."

Ich gab meine harmlose junge Schülerin auf und sagte nichts mehr. Von diesem Moment an begann ich, mein gesamtes Verhalten gegenüber Männern auf einer streng unpersönlichen und formellen Grundlage zu gestalten. Das war nicht schwierig, denn meine erste und einzige Zuneigung galt meinem Mann, und der Drang zur Koketterie war meiner Natur fremd.

Die Entschlossenheit meines Mannes, meine Individualität ungehindert zu lassen, wurde manchmal – auf kleine Weise, die mich erfreute – von seinem angeborenen Sinn für Fitness überlagert. Wir spielten Tennis und er spielte ausgezeichnet. Eines Tages, als wir den Platz verließen, sagte er zu mir: „Tennis ist einfach nicht dein Spiel, Margaret. Deine Würde steht deinem Antrieb immer im Weg. Ich möchte nicht, dass du deine Würde aufgibst – sie ist zu sehr ein Teil von dir. Aber du könntest das Tennis sein lassen und es mit Bogenschießen versuchen. Ich bin sicher, das ist besser für dich geeignet." Der amüsierte Gehorsam, mit dem ich seinen Vorschlag annahm, verwandelte sich bald in Begeisterung für den neuen Sport.

Für mich war die Ehe immer die mystischste und wichtigste zwischenmenschliche Beziehung gewesen, die manchmal alles andere mit sich brachte – und insbesondere die Elternschaft. Ich bin eine geborene Mutter, für die die Vorstellung einer Ehe ohne Kinder undenkbar ist. Seit ich meine Puppen weggelegt hatte, waren Traumkinder in meiner Fantasie in den Hintergrund gerückt. Anfangs sah ich sie nur vage, aber als die Liebe kam, wusste ich ganz genau, wie sie aussehen würden. Nachdem ich Chan-King geheiratet hatte, hätte ich mir sofort ein Kind gewünscht, als sicherere Verbindung zwischen uns und als Quelle des Trostes für mich selbst, während er seine ersten Schritte in China machte. Ich wusste, dass er Kinder liebte, denn ich hatte ihm mehrmals absichtlich einen kleinen Nachbarn in den Weg gestellt und seine herzliche Freundlichkeit und Sanftheit gegenü dem kleinen Ding bemerkt. Aber aus Angst, dass er nicht bereit sein würde, eine neue Verantwortung zu übernehmen, während unsere Angelegenheiten noch ungeklärt waren, legte ich meinen Kinderwunsch beiseite, obwohl meine geliebten Bücher mir seltsam lästig wurden. Ich wusste nicht, dass mein Mann die im Ausland weit verbreitete Meinung teilt, die amerikanische Frau sei eine unwillige Mutter.

Dann besuchte er eines Tages einen Freund, einen chinesischen Studenten, dessen Frau und kleiner Sohn bei ihm waren. „Ich habe das chinesische Baby gesehen", erzählte er mir mit jungenhafter Begeisterung. „Er bekommt bald einen kleinen Bruder. Glückliches Baby!"

„Glückliche Eltern!", korrigierte ich ihn und seufzte neidisch. Chan-King sah mich an, und das Erstaunen auf seinem Gesicht verwandelte sich in ein entzücktes Lächeln. „Meinst du das ernst, Margaret?", fragte er ungläubig. Dann sprachen wir lange und ernsthaft über unsere Kinder. Für Chan-Kings altmodische Einstellung sollten Kinder der Ehe so selbstverständlich folgen wie Früchte der Blüte, und seine Freude darüber, dass meine Ideale genau seinen eigenen entsprachen, brachte uns auf eine neue Ebene des Verständnisses und der Zufriedenheit miteinander. Außerdem, erklärte er, würde ein Enkelkind viel dazu beitragen, seine Eltern mit unserer Ehe zu versöhnen.

Als das Schuljahr zu Ende war, legte ich glücklicherweise meine Bücher beiseite und holte mir eine Nadel. Nähen war mir schon immer ein Vergnügen gewesen, aber nie hatte ich eine Arbeit so faszinierend gefunden wie das Herstellen dieser winzigen Kleidungsstücke aus Seide, Flanell und Batist. Meine praktische Mutter protestierte gegen so viel Sticken, aber mein Mann lächelte nur, während er vorsichtig in dem Korb mit den kleinen Nähsachen kramte.

„Sie sind schließlich eine echte chinesische Ehefrau", sagte er dann. „Eine chinesische Ehefrau näht und stickt viel. Sie fertigt sogar Schuhe für die Familie an."

„Schuhe, Chan-King?"

„Und nicht weniger als Schuhe. Schöne Schuhe herzustellen ist eine Kunst, und eine Chinesin ist stolz darauf, darin herausragend zu sein. Sie ist stolz auf ihre Füße und stellt alle ihre Schuhe selbst her."

Dann erzählte er mir Geschichten aus seiner Kindheit und erinnerte sich an den geschlossenen Garten seines alten Hauses, wo er mit einem kleinen Mädchen Federball gespielt hatte, während seine Mutter und seine Mutter zusammensaßen, stickten und leise miteinander sprachen. Die beiden jungen

Mütter waren Freundinnen und planten die Hochzeit ihres Sohnes und ihrer Tochter, die die Freundschaft zu einem Familienband festigen sollte.

Ich interessierte mich sehr für dieses kleine Mädchen, das durch Chan-Kings Geschichten huschte wie ein leuchtender Schmetterling im Nebel. Ihr Name war Li-Ying und sie war erst drei Jahre alt, als sie mit ihren kleinen Füßen noch ungebunden durch jene süßen grünen Gärten seiner Kindheit rannte, an die sie sich erinnerte. Irgendwo saß sie jetzt, ihre Lilienfüße sanft übereinandergeschlagen, bestickte ihre Schuhe und wartete darauf, dass ihr Vater sie einem anderen Jugendlichen verlobte.

Als Chan-King mir ein Porträt von sich zeigte, das er im Alter von acht Jahren in einer Gruppe mit seiner Mutter und seinem Vater aufgenommen hatte, betrachtete ich nachdenklich das streng schöne Gesicht der Frau, die ihn zur Welt gebracht hatte. Sie saß auf einer Seite des geschnitzten Tisches aus schwarzem Holz. Ihr schmaler, mit Bahnenmuster verzierter Rock war ein wenig hochgezogen, um ihre erstaunlich winzigen Füße zu zeigen. Auf der anderen Seite des Tisches saß Chan-Kings Vater, ein unversöhnlich strenger und autokratisch wirkender Mann, prächtig im alten Stil gekleidet. Neben ihm stand ein kleiner, ernster Junge, der eine runde Kappe trug, seinen Zopf, wie er mir erzählte, noch mit einer roten Kordel zusammengebunden hatte, und dessen Hände in den langen Samtärmeln steckten, die ihm fast bis zu den Knien reichten. Ich legte meinen Finger auf den Kopf dieses Jungen. „Ich hoffe, unser Sohn wird genau so aussehen wie er“, sagte ich.

Endlich wurde der ersehnte Sohn geboren und in meine Arme gelegt. Er war gewickelt und gepudert und neu und weinte aus unerfindlichen Gründen. Aber mein Mann und ich lächelten freudig über die köstliche, unglaubliche Ähnlichkeit dieses winzigen Gesichts mit seinem eigenen. Chan-King sah ihn lange an, ein fragendes, glückliches Lächeln in den Mundwinkeln. Dann küsste er mich sehr sanft und sagte: „Er ist ein echtes Liang-Baby, Margaret. Freust du dich?“ Ich antwortete, dass ich mich freue, so wie ich es über alles gewesen war, was mir die Liebe gebracht hatte.

Unsere Pläne verliefen gut, und als unser Sohn Wilfred fünf Monate alt war, kehrte Chan-King nach China zurück. Ich verabschiedete mich von ihm auf die Art, die ihm am meisten Freude bereiten würde – ruhig und ohne Tränen. Doch im letzten Moment konnte ich ihn nicht mehr gehen lassen. Schweigend klammerte ich mich an ihn, das Baby auf meinem Arm zwischen uns.

„Das wird nicht lange dauern", versicherte er mir. „Wir werden alle sehr bald wieder zu Hause sein. Du bist tapfer und lieb und treu, Margaret. Du wirst es nie bereuen müssen. Hab Geduld."

In seinen ersten Briefen berichtete er von seiner neuen Arbeit an einem der älteren Colleges, für die Shanghai berühmt ist. Außerdem begann er, in offizieller Funktion als Anwalt zu arbeiten. Sein erster Schritt in Richtung diplomatischer Dienst war getan.

Nach vier Monaten erhielt ich seine Vorladung und machte mich daran, mit meinem kleinen Sohn die Reise nach China vorzubereiten. Meine Lebensaufgabe war es, meinem Mann beim Aufbau eines Zuhauses zu helfen. Seine Lebensaufgabe war China. Die Schlussfolgerung war so offensichtlich, dass weder ich noch meine Eltern sie je in Frage gestellt hatten. Aber jetzt, da der Moment gekommen war, waren die Freunde der Familie sehr aufgeregt. Sie stellten seltsame Fragen. Gehst du wirklich? Wie kannst du deine Mutter verlassen? Wie kannst du das schöne Amerika aufgeben? Hast du keine Angst, nach China zu gehen? Ich antwortete so geduldig und vernünftig wie ich konnte. Sie ermüdeten mich sehr.

Von China selbst hatte ich trotz Chan-Kings Briefen keine klare Vorstellung, denn obwohl mein altes Vorurteil verflogen war, sah ich das ganze Land immer noch nur als Hintergrund für das Gesicht meines Mannes.

Ich befolgte Chan-Kings genaue Anweisungen bezüglich der Reisevorbereitungen, und Wilfred und ich hatten eine angenehme Reise. Eines Morgens schaute ich früh durch das Bullauge und sah um mich herum die trüben Gewässer des Jangtse, voller einheimischer Schiffe, während durch den Nebel die Befestigungsanlagen von Woosung undeutlich auftauchten. Das Beiboot wartete bereits, und bald waren wir an Bord und fuhren schnell die Flussmündung hinauf. Der Nebel lichtete sich, auf beiden Seiten erhoben sich grüne Ufer, und durch die fernen Bäume schimmerten rote Backsteingebäude wie bei uns zu Hause, Seite an Seite mit den weiß verputzten Wänden und schrägen Dächern Chinas. Auf dieser langen Fahrt wurde Shanghai allmählich zu einem merkwürdigen Gemisch aus Bekanntem und Unbekanntem, das mich mit dem Gefühl quälte, ich hätte das alles schon einmal gesehen und müsste mich besser daran erinnern. Im Wasser um mich herum vermischten sich Dampfer, Barkassen und Schlachtschiffe mit einheimischen Dschunken, Flusskähnen und Hausbooten. Plötzlich sah ich in der wartenden Gruppe am Zollsteg meinen Mann. Im nächsten Augenblick hatten wir den Kai erreicht, und er saß im Beiboot neben mir und begrüßte mich in der förmlich höflichen Art, die er für öffentliche Anlässe für angemessen hielt. Er nahm Wilfred in die Arme und zog mich die Stufen hinauf zu einem wartenden Wagen.

Auch hier war es eine verwirrende Mischung aus Fremdem und Vertrautem: klirrende Straßenbahnen, hupende Autos, sanft rollende Rikschas, knarrende Schubkarren und schwerfällige, von Menschen gezogene Lastwagen; dunkle Kuligesichter unter breiten Strohhüten, sanftmütige Züge unter Tropenhelmen, schwarze, bärtige Gesichter unter riesigen, bunten Turbanen; ein verwirrendes Durcheinander fremder und englischer Sprache.

Sogar bei Chan-King fand ich es. Er trug amerikanische Kleidung, sein Gesicht hatte sich nicht verändert, der Ton seiner Stimme war derselbe, aber er sprach Chinesisch, und seine Anweisungen an den *Mafoo* waren für mich eine bedeutungslose Abfolge von Lauten.

Doch als er neben mir in der Kutsche saß und die Pferde losfuhren, drehte er sich plötzlich um und lächelte mir direkt in die Augen. Dann wäre mir Shanghai, Borneo oder der Nordpol gleich gewesen. Ich stellte keine Fragen; ich fuhr mit meinem Mann und meinem Kind schnell in Richtung des für mich vorbereiteten Heims. Ich war nach China zurückgekehrt.

Meine ersten Eindrücke von Shanghai sind verschwommen. Mein Mann und ich fuhren schnell den Bund entlang, über die Garden Bridge, die jede beliebige Brücke in Amerika hätte sein können, vorbei am Astor House, das jedem amerikanischen Hotel sehr ähnlich war, und dann den Soochow Creek entlang, der nur in China liegen konnte.

Auf der North Szechuan Road hielten wir an einem *Li* oder einer Reihe neu gebauter Häuser im sogenannten halbfremden Stil. Dieses *Li*, das sich in der International Settlement befand, war sehr hell und sauber. Es ging auf die Hauptstraße hinaus. Die schweren Mauern aus leuchtend roten Ziegeln wurden in Abständen von schwarzen Türen mit Messingplatten unterbrochen. An einer dieser Türen blieb mein Mann stehen und berührte einen sehr amerikanisch aussehenden Druckknopf. Drinnen klingelte eine Klingel, und die Tür wurde von einem lächelnden „Jungen" in einem langen blauen Baumwollkleid geöffnet. Wir überquerten einen kleinen Hof, der von Blumen und Weinreben erhellt war, und traten, als wir zum Haupteingang kamen, direkt in einen großen quadratischen Raum. Es war kühl, makellos und erholsam. Die mit Matten bedeckten Böden, die geschickt angeordneten Tische, Stühle und Sofas, die geraden Vorhänge in Grün und Weiß, mit Gold durchzogen, waren genau das, was ich mir selbst gewünscht hätte. Ich war angenehm überrascht von dem Gasleuchter mit seinen Schattierungen von Grün, Gold und Weiß. Ein dunkelgrüner Gasheizkörper an einer Wand ließ vermuten, dass es in Shanghai nicht immer so warm war wie damals. Es war ein sehr bescheidenes kleines Heim, wie es sich für einen Mann mit seinem eigenen Lebensstil gehörte, erklärte Chan-King, während er mich durch die Räume führte, um sie eilig zu besichtigen. Dann wurde Wilfred seiner *Amah übergeben*, einer jungen Frau mit frischen Wangen in steif gestärktem blauen „Mantel", weißen Hosen und Schürze, während wir uns für ein Mittagessen mit chinesischen Freunden von Chan-King fertig machten.

Nach einer kurzen Rikschafahrt – für mich neuartig und erfreulich – bogen wir von der Hauptstraße in eine weitere Reihe von Terrassen ab und betraten einen echten chinesischen Haushalt. Der Gastgeber und die Gastgeberin, die beide in Amerika gewesen waren und ausgezeichnetes Englisch sprachen, hießen mich sehr herzlich willkommen. Ich fühlte mich mehr zu Hause, als ich es für möglich gehalten hatte. Das Frühstück wurde nach chinesischer Art serviert, die Gäste saßen an einem großen runden Tisch, in dessen Mitte die Gerichte mit Fleisch, Fisch und Gemüse standen, so dass sich jeder nach Belieben bedienen konnte. Auf jedem Teller standen einzelne Schüsseln mit

Reis, kleine Teller, Essstäbchen und Löffel. In Abständen standen kleine, flache Schalen mit Soja, Senf oder Ketchup sowie gerösteten Melonenkernen und Mandeln. Als meine Gastgeberin, die ihr köstliches chinesisches Menü mit Brot und Butter und samtigem Eis abgerundet hatte, mir ebenso nachdenklich ein silbernes Messer und eine silberne Gabel reichte, erklärte mir mein Mann, dass ich ziemlich geschickt im Umgang mit Essstäbchen sei. Obwohl er mir in den ersten Tagen unserer Ehe beigebracht hatte, ein schmales Paar Elfenbeinhandschuhe zu benutzen, das ihm gehörte, war ich jetzt sehr nervös, fühlte mich aber verpflichtet, seine begeisterte Behauptung zu beweisen. So begann meine soziale Konformität als chinesische Ehefrau vor einem freundlichen und amüsierten Publikum, das mir versicherte, dass ich mich sehr gut verhalten würde.

Auf dem Heimweg sagte Chan-King: „Wird das schwierig für dich, Margaret?"

„Essstäbchen?", fragte ich fröhlich, wohl wissend, dass er nicht Essstäbchen meinte. „Nein, ich mag sie!"

„Ich meine alles", sagte er sehr ernst, „China – Bräuche, Menschen, Heimweh, alles."

„Sie werden sehen, ob Sie nicht eine echte Orientalin geheiratet haben", antwortete ich ihm. „Was das Heimweh betrifft, nun, Chan-King – ich bin zu Hause."

Das Wichtigste war zunächst, dass Chan-King seinen Weg ohne jegliche Hilfe finden musste. Und für die Chinesen der Oberschicht ist das sehr schwierig. Er unterrichtete fortgeschrittenes Englisch an einem der größten Colleges in Shanghai, unterhielt eine Anwaltspraxis und hielt Vorlesungen über internationales Recht. Er war froh, wieder zu Hause zu sein, voller Enthusiasmus für seine Arbeit, voller Hoffnung, wie die jungen zurückgekehrten Studenten es am Anfang immer sind, und arbeitete über seine Kräfte hinaus, weil er seine Bemühungen nicht einschränken konnte.

Unser Glück, wieder zusammen zu sein, ließ alles möglich erscheinen. Nach den bruchstückhaften Anfängen in Amerika nahmen wir wieder das Leben in die Hand, das wir so erfüllt und reich gestalten wollten. Ich erkannte, dass meine Rolle darin bestand, eine wirklich altmodische Ehefrau zu sein – die Rolle, die mir am besten gepasst hatte und die Chan-King am meisten half. Und ich begann, meinen chinesischen Haushalt zu führen und achtete minutiös darauf, ihm in kleinen Dingen, die er mochte und immer zu schätzen wusste, ein angenehmes Leben zu ermöglichen.

Unser zweistöckiges Haus bestand aus zwei großen Zimmern im Erdgeschoss und Schlafgemächern sowie einem winzigen Dachgarten im Obergeschoss. In diesem Dachgarten verbrachte ich die meiste Zeit, und dort verbrachten Wilfred und seine *Amah* viele Nachmittage. Es war ein angenehmer, sonniger Ort, ausgestattet mit bemalten Liegestühlen, Teppichen und blühenden Pflanzen in Tongefäßen. Hinten, etwas abseits vom Hauptteil des Hauses, befanden sich die Küche, die Dienstbotenquartiere und eine Wäscherei im Freien. Wir waren wirklich sehr praktisch und modern und komfortabel. Unsere Küche bot einen bewundernswerten Kompromiss zwischen alten und neuen Methoden. Sie hatte einen englischen und einen chinesischen Gasherd. Aber die richtige chinesische Atmosphäre wurde von drei gut ausgebildeten Dienern bewahrt, die sich Ah Ching, Ah Ling und Ah Poh nannten. Die meisten Shanghaier Diener werden einfach „Boy" oder „Amah" oder „Coolie" genannt, aber unsere wählten diese Namen, die für die Diener dort ebenso kennzeichnend sind wie „James" und „Bridget" bei uns. Ah Ching erledigte die meiste Hausarbeit und erledigte Besorgungen; Ah Ling kümmerte sich um das Marketing und das Kochen und servierte uns eine angenehm abwechslungsreiche Auswahl chinesischer und ausländischer Gerichte; Ah Poh, die *Amah* , kümmerte sich um Wilfred und kümmerte sich um meine persönlichen Wünsche.

Ah Poh war mir von Anfang an sympathisch, mit ihren feinen, intelligenten Gesichtszügen, ihrer sanften Stimme und ihrem sanften, gelassenen Wesen. Bevor sie zu mir kam, hatte sie einer amerikanischen Geliebten gedient, zeigte aber eine überraschende Bereitschaft, meine besondere Art, Dinge zu tun, zu übernehmen, sei es beim Bettenmachen, beim Ordnen meiner Kleidung oder bei der Unterhaltung von Wilfred. Ah Ching hingegen, alt, ernst und voller Verantwortung, war sehr angetan von seiner gewohnten Art, Möbel zu arrangieren und Fenster und Böden zu putzen. Wenn man ihn sich selbst überließ, wischte er gewissenhaft in Ecken und Winkeln Staub, aber wenn ich seine Arbeit formell in Augenschein nahm, ging er unweigerlich geringschätzig darauf ein, um mir zu vermitteln, dass ich nicht misstrauisch sein sollte, wie mir ein Freund erklärte – eine Art von Logik, die ich höchst amüsant fand. Abgesehen von seinen Kochkünsten war Ah Ling vor allem deshalb interessant, weil seine Augen wirklich schräg standen – wie chinesische Augen sein sollen, was sie aber normalerweise nicht sind, und weil sein Haar wirklich lockig war – was chinesisches Haar eigentlich nie tun soll, es aber gelegentlich tut.

Für ein junges Paar, das auf Sparsamkeit bedacht war, waren wir vielleicht wirklich sehr verschwenderisch. Unter ähnlichen Umständen in Amerika hätte ich es wahrscheinlich für verschwenderisch gehalten, auch nur eine Dienerin zu haben. Aber dieser Haushalt war für China sehr klein und mit unserem bescheidenen Einkommen konnten wir ihn einigermaßen gut unterhalten.

Chan-King war hilfreich und zeigte viel Taktgefühl und Verständnis, als wir unser Unternehmen in Gang brachten. Ich möchte nicht zugeben, dass ich völlig verwirrt war, als ich versuchte, mit Bediensteten umzugehen, die nicht einmal die Hälfte von dem verstanden, was ich ihnen sagte. Ich glaube, ihm wurde bewusst, dass ich in diesen ersten Monaten manchmal ziemlich hartnäckig war, und er ließ mich nie im Stich. Im Gegenzug half ich ihm abends beim Durchsehen seiner Papiere und bei seinen Briefen, und er nannte mich immer seine Sekretärin. Wir stellten in diesem ersten Jahr in China fest, dass wir eine echte Partnerschaft eingegangen waren.

Unser gesellschaftliches Leben war sehr angenehm. Wir unterhielten uns auf einfache Weise viel. Wir gehörten einem oder zwei Clubs an und blieben in engem Kontakt mit der Arbeit der zurückgekehrten Studenten, die zu einem wichtigen Faktor im nationalen Leben geworden sind. Obwohl sie das Beste der chinesischen Zivilisation bewahren möchten, bringen sie westliche Ideen in die Lösung politischer, soziologischer und wirtschaftlicher Probleme ein. Viele dieser Studenten sowie andere interessante Leute, sowohl Chinesen als auch Ausländer, trafen sich in unserem Haus zum Abendessen und Tee.

Da war ein Veteran des Zolldienstes, ein beleibter Herr mit struppigem weißen Schnurrbart, der zu der ersten Gruppe von Regierungsstudenten gehört hatte, die vor fünfzig Jahren nach Amerika geschickt worden waren. Er erzählte interessante Geschichten über die Mühen und Freuden jener frühen Tage und beklagte humorvoll die Tatsache, dass es in China keinen echten Apfelkuchen gab. Da war ein angesehener Herausgeber englischer Publikationen, eine große, hagere Gestalt, deren Ruhe geradezu auf geistige Reserven schließen ließ. Mit ihm war oft ein kleiner, energischer Mann in jungen Jahren – ein weitsichtiger Erzieher und überzeugender Redner. Ich erinnere mich an eine lebhafte Diskussion, die diese beiden über die Notwendigkeit einer chinesischen Zeitschrift entfachten, die sich den Interessen der modernen chinesischen Frau widmete – ein früher Traum, der jetzt in Erfüllung geht. Da war ein pensioniertes Parlamentsmitglied mit einem unermüdlichen Eifer für politische Diskussionen, der inzwischen in den Dienst seiner Regierung zurückgekehrt ist. Auch ein lächelnder junger Mann, der herumzog, um das alte China von seiner Notwendigkeit des Fortschritts zu überzeugen, der aber gelegentlich seine Würde beiseite legen konnte, um seinem Talent für unterhaltsame Comedy-Einlagen nachzugeben. Da war der chinesisch-amerikanische Sohn eines ehemaligen Diplomaten, der – in Amerika geboren und als erwachsener Mann nach China gekommen – seine Verwandtschaft mit dem Land seiner Väter durchaus zu erkennen schien, eine Tatsache, die Chan-King und ich interessant fanden, weil sie möglicherweise Auswirkungen auf die Zukunft unserer eigenen Söhne haben könnte. Natürlich waren die meisten unserer Freunde jüngere, moderne Leute, die die alten Fesseln der Formalität in ihrem Alltagsleben lockerten. Aber auch viele der älteren und konservativeren Leute kamen zu unseren abendlichen Zusammenkünften, bei denen mein Mann und ich Seite an Seite empfingen.

Als ich die Chinesen kennenlernte, war ich von ihrer Geschicklichkeit im Umgang mit anderen entzückt. Sie betrachten anmutige Umgangsformen und Höflichkeit als Grundlage allen gesellschaftlichen Lebens. Ich war angenehm beeindruckt von der Ehrerbietung, die sie ihren Frauen, Töchtern, Schwestern und Freunden entgegenbrachten – so anders als die Verachtung, die sie in der westlichen Vorstellungswelt unweigerlich an den Tag legen. Gelegentlich bemerkte ich, wie ein Ehemann sorgfältig übersetzte, damit seine Frau die Unterhaltung in vollen Zügen genießen konnte. Viele der Frauen sprachen jedoch ausgezeichnet Englisch. Alle unsere Empfänge und Abendessen waren herrlich frei und voller guter Gespräche. Die Chinesen haben die wunderbare Gabe, tiefgründige Dinge leichtfertig zu sagen; sie können tiefgründig denken, ohne schwerfällig und pedantisch zu sein.

Ich erinnere mich noch an die erste Dinnerparty, die ich in Shanghai besuchte. Es war eine ziemlich große Angelegenheit mit vielen Gästen, alle Chinesen außer mir – „Und ich bin fast Chinesin", sagte ich zu meinem Mann. Die Männer und Frauen saßen alle zusammen an einem großen Tisch, waren ausgezeichnet gelaunt miteinander und die Unterhaltung war sehr heiter.

Eine kleine Chinesin, die ich recht gut kannte, sagte später zu mir: „Und denken Sie mal darüber nach – noch letztes Jahr hätten wir in diesem Haus an getrennten Tischen gesessen!" Als ich sie um eine Erklärung bat, sagte sie, dass Männer früher ihre Gäste überhaupt nicht mit nach Hause brachten. Dann brachten sie sie mit, bewirteten sie aber auf der Männerseite des Hauses. Später erlaubten sie Frauen, im selben Raum zu speisen, aber an getrennten Tischen, und jetzt sind wir hier und plaudern und speisen zusammen, ganz nach westlicher Art. „Das gefällt mir viel besser", entschied die kleine Dame.

Ich war froh, dass sie alle chinesische Kleidung trugen, denn sie ist von beeindruckender Schönheit. An diesem Abend trug ich meine erste Jacke und meinen geflochtenen Rock, eine Kombination aus hellgrünem und schwarzem Satin, und ab und zu sah ich Chan-Kings Augen auf mich gerichtet, mit dem Blick, den ich am liebsten dort sah – eine klare, warme Zuneigung, die in ihnen leuchtete, ein gewisser stetiger Glanz des Ausdrucks, der Liebe, Freundschaft und Verständnis in sich trug. Ich glaube, der Anblick von mir in der Kleidung seines Landes bestätigte in seinen Gedanken meine Aussage, dass ich China liebte – dass ich eine echte chinesische Ehefrau sein wollte.

Danach trug ich, obwohl mir für bestimmte Gelegenheiten die amerikanische Mode angemessener schien, sehr oft chinesische Kleidung. Ich erinnere mich an einen Tag, als Dr. Wu Ting-fang zum Abendessen kam und sich vor mir verbeugte und dabei offensichtlich meine Kleidung bemerkte.

Er sah mich einen Moment lang sehr eindringlich an, als wollte er mir eine ernste Frage stellen. Dann sagte er in seiner ihm eigenen, abrupten Art: „Fühlen Sie sich in diesem Kleid wohl?"

„Das bin ich in der Tat", antwortete ich.

„Gefällt es Ihnen besser als amerikanische Kleidung?", beharrte er.

Ich nickte fest, lächelte und fing den Blick meines Mannes auf.

„Dann tragen Sie es immer", sagte der Doktor und hob päpstlich seine Finger.

Merkwürdigerweise mochte mein Mann die einheimische, feminine Hosenmode nicht und erlaubte mir nie, sie zu tragen. Ich fand sie sehr anmutig und bequem, nahm aber gern die streng schlichten Röcke mit den Zöpfen an den Seiten an.

Ich hatte China angezogen, um es immer zu tragen, in meinem Herzen und in Gedanken, und dachte nur an meinen Mann, seine Arbeit und sein Volk. Anfangs wäre ich vollkommen zufrieden gewesen, im Kloster zu bleiben, niemanden außer ein paar Freundinnen zu treffen und nirgendwohin zu gehen. Das Leben floss so gleichmäßig an mir vorbei, dass ich mich gerne treiben ließ, erfüllt von Träumen. Die Geräusche des eilenden, halb modernisierten Shanghai erreichten mich nur vage, tief in meinem kühlen, ruhigen Haus, dessen Böden mit weißen Matten ausgelegt und dessen Wände mit symbolischen Paneelen behangen waren. Das Klicken der Ponyhufe auf dem Bürgersteig, das Aufschlagen der Absätze der Rikscha-Kulis, die ihre geräuschlosen, gummibereiften Fahrzeuge zogen, das schrille Kreischen der Motorhupen, die seltsamen, langgezogenen Rufe der Straßenhändler, alles drang gedämpft zu mir, als ob ich durch viele Vorhänge vor der Welt geschützt wäre. Mein Mann bestand jedoch darauf, dass ich ihn überallhin begleite, wo er es für angebracht hielt, dass ich ihm bei der Unterhaltung helfe und dass ich viele Leute kennenlerne und mit ihnen verkehre, sowohl Ausländer als auch Chinesen.

Er war immer bereit, mir in gesellschaftlichen Angelegenheiten Ratschläge zu geben, was schwieriger war, als man annehmen könnte. Ich habe bereits von den vielen Abstufungen bei der Begegnung zwischen Ost und West gesprochen. Diese allein sind schon verwirrend genug, und es gibt noch weitere Komplexitäten, da die Feinheiten der Etikette in den beiden

Zivilisationen oft völlig voneinander abweichen. Ein einziges Beispiel genügt – der Brauch, einem Gast, sobald er Platz genommen hat, eine Erfrischung zu servieren. In einem sehr konservativen chinesischen Haushalt verstößt der Besucher schon gegen die guten Manieren, wenn er die Tasse Tee, die neben ihm auf einem kleinen Tisch steht, auch nur berührt. In einem ultramodernen Haushalt muss er das eisgekühlte Sommergetränk oder das kochend heiße Wintergetränk trinken, um niemanden zu beleidigen. Dann gibt es die unterschiedlich abgewandelten Einrichtungen, in denen er versucht, einen genauen Kompromiss zu finden, indem er das Angebot einfach mit einer höflichen Verbeugung anerkennt, weiter geht und es für einen kleinen Schluck an die Lippen hebt oder noch großzügiger ist und die Hälfte der angebotenen Menge konsumiert. Dass solche Situationen oft verwirrend sind, sogar für das junge China, habe ich in vielen lebhaften Diskussionen lachend zugegeben gehört. Aber obwohl gelegentliche Fehler unvermeidlich sind, wird aufrichtiger guter Wille wirklich geschätzt und selten missverstanden. Chan-Kings Fähigkeit, alle Standpunkte gleichzeitig zu berücksichtigen, war für mich sehr hilfreich.

Aber er vergaß, mich darauf hinzuweisen, dass in Shanghai gesellschaftliche Besuche zu jeder Tageszeit von neun Uhr morgens bis zehn Uhr abends angemessen sind. Während einer kurzen Abwesenheit von ihm lernte ich daher drei Tage lang, dass Besuche am frühen Morgen und am späten Abend eine Institution sind und kein zufälliges Ereignis, wie ich zunächst annahm. Schließlich gab mir Ah Ching einen Hinweis. Ich war im Negligé *und* bereitete mich auf einen Vormittag des gemütlichen Spielens mit Wilfred vor und hoffte, dass es keine Unterbrechungen geben würde, als Ah Ching erschien und Besucher ankündigte. Mein Gesicht muss Überraschung und einen Anflug von Ärger ausgedrückt haben, wie schon drei Tage zuvor bei solchen Vorladungen, denn Ah Ching zögerte einen Moment und gewährte dann eine Information, die er offensichtlich für wertvoll hielt. „In Shanghai", sagte Ah Ching, „geht er immer zu Besuch – kommt immer zu Besuch." Er hielt inne. „ *Immer* !", fügte er fest hinzu und ging. Ich habe festgestellt, dass dies buchstäblich zutrifft, und daher habe ich meine Kleidungsgewohnheiten auf der Annahme aufgebaut, dass jederzeit Besuch angekündigt werden könnte, der äußerste Formalität in Bezug auf Verhalten und Erscheinungsbild verlangt.

Es erübrigt sich zu sagen, dass Ah Chings „er" Pidgin-Englisch für „sie" war, denn meine persönlichen Besucher waren alle Frauen. Sie gehörten vielen Nationalitäten an – natürlich Chinesen, aber auch Amerikanerinnen, Kanadierinnen, Engländerinnen, Schottinnen und Französinnen. Besonders mit den Chinesinnen fühlte ich mich in vollkommener Harmonie. Nirgendwo, glaube ich, stoßen Aufrichtigkeit und Wohlwollen auf eine wärmere Resonanz. Sie empfingen mich mit einer Herzlichkeit, die sehr echt war, und leisteten mir unschätzbare Hilfe bei meiner Einführung in das neue Leben. Sie nahmen mich mit zum Telefonieren, Einkaufen und Einkaufen, bis Shanghai aufhörte, ein verwirrendes Labyrinth überfüllter Durchgangsstraßen zu sein; sie halfen mir, die Komplexität der chinesischen Währung zu verstehen; sie erklärten mir die Feinheiten der Mode in der Kleidung und empfahlen geschickte Schneider.

Von Anfang an waren wir sehr interessiert an der Begegnung und Vermischung von Ost und West, die überall um uns herum und auf allen Gebieten stattfand. Die zweiten fernöstlichen Olympischen Spiele, die im Frühjahr in Shanghai stattfanden, boten uns eine einmalige Gelegenheit für neue Eindrücke. In Anwesenheit von vielen tausend Zuschauern kämpften China, die Philippinen und Japan um die Vorherrschaft in der sportlichen Leistung. Die Veranstaltung wurde ausschließlich von Chinesen geleitet, und während der meisten Wettkämpfe war mein Mann in offizieller Funktion auf dem Gelände tätig. Ich saß mit chinesischen Freundinnen, von denen einige zurückgekehrte Studentinnen waren, auf der Tribüne, und der mitreißende Jubel, die uneingeschränkte Begeisterung riefen in uns lebhafte Erinnerungen an unsere College-Tage in Amerika wach. Die Abende waren voller Empfänge und Gartenpartys zu Ehren der Besucher. Natürlich wurde unsere Freude an der ganzen Veranstaltung durch Chinas wohlverdienten Triumph unermesslich gesteigert.

Im Laufe der Monate erlahmte Chan-Kings große Begeisterung und sein unerschrockener Wille, Großes bei der Ausbildung des jungen China zu leisten, aufgrund einer schrecklichen Ernüchterung ein wenig.

Dies ist das Problem, mit dem sich alle zurückgekehrten Studenten früher oder später auseinandersetzen und das sie überwinden müssen. Sie kommen voller Hoffnung und voller Hoffnungen auf eine Verbesserung ihres Landes nach Hause. Und allmählich werden sie gezwungen, eine gewaltige Tatsache anzuerkennen – dass China zu viele Jahrhunderte lang sein glorreiches, düsteres altes Selbst war und zu tief in der Erde seiner alten Traditionen verwurzelt ist, als dass es von einer Generation junger Leute ausgerissen werden könnte – oder von zwei oder drei oder hundert.

Chan-King war gereizt, besorgt und arbeitete zu hart. Merkwürdigerweise bekam er Heimweh nach Amerika, was bei mir nicht der Fall war.

„Amerika schreitet voran wie ein kleiner Junge, und China schleicht wie eine alte Frau!", sagte er eines Tages verbittert, nachdem er an einer Sitzung des Hochschulrats teilgenommen hatte, bei der seine modernen Bildungsideale durch das reaktionäre Gremium eine Niederlage erlitten hatten.

„Aber China ist eine weise, weise alte Frau!", antwortete ich sanft.

Und sehr oft habe ich während dieser Zeit die Traditionen des Ostens hochgehalten, während Chan-King die Lebensweise der westlichen Welt propagierte.

Mein Mann erlebte Enttäuschungen, Ärgernisse und Prüfungen, die ein weniger ausgeglichener Mensch nicht ertragen hätte können. Er litt so sehr unter den großen Dingen, dass er für die kleinen nur wenig Geduld hatte, und ich erlebte ihn oft als jähzornig, mit einem scharfen Ton und einem endgültigen Urteil, das mir deutlich zeigte, unter welcher großen Belastung er stand.

Aber zwischen uns herrschte immer Liebe. Und Chan-King war sehr darauf bedacht, mir selbst inmitten kleiner Enttäuschungen und Ärgernisse klarzumachen, dass diese Dinge allgemeine menschliche Ärgernisse waren, die nichts mit Bedauern oder einem Gefühl der Entfremdung zu tun hatten. Eines Tages brach ich in Tränen aus, als es zu einer kleinen, heftigen Szene kam, die sich um nichts drehte. „Oh, Margaret, meine Liebste!“, sagte er und nahm mich in die Arme, „diese Launen bedeuten nichts zwischen uns, wenn wir uns so lieben! Nimm sie nicht ernst! Was könnte unser Glück jetzt zerstören?“ Trotz des weltumspannenden Unterschieds in unserer Rasse und Erziehung waren die Schwierigkeiten der Anpassung an unser Temperament, mit denen wir zu kämpfen hatten, lediglich solche, die jeder Mann und jede Frau in jedem Land zu bewältigen haben muss.

Doch Chan-Kings persönliche Faszination für mich und sein nie nachlassender Reiz für meine Vorstellungskraft beruhten eindeutig auf seiner orientalischen Seite. Im Laufe der Jahre, in jeder Phase unserer Beziehung, empfand ich einen konstanten, unwiderstehlichen, immer wiederkehrenden Nervenkitzel bei der Vorstellung, dass wir nicht derselben Rasse oder Zivilisation angehörten.

Als ich ihm das einmal gestand, sagte er: „Liebst du mich nur, weil ich Chinese bin?“

„Nein, ich glaube, ich hätte dich lieben sollen, ganz gleich, welcher Rasse du angehörst. Aber woher soll ich das wissen?“

mein wahres Ich liebst .“

„Ja, aber das wesentliche *Du* ist Chinese.“

Er dachte einen Moment nach. „Chinese, ja, aber ein höchst respektables Mitglied der Niederländisch Reformierten Kirche von Amerika!“

„Ich werde nicht zulassen, dass das in meinen Augen dich verletzt!“, versicherte ich ihm lachend. Ich war Anglikaner und wir sprachen oft über die seltsame Mischung der Nationalitäten in unseren Glaubensbekenntnissen.

Mein Mann war trotz seines festen Glaubens kein tief religiöser Mensch, und von den beiden war ich in meinen Überzeugungen viel mystischer. Liebe, göttliche und menschliche, bedeutete mir inzwischen alles, im wörtlichen und spirituellen Sinne. Ich glaubte – zunächst vage, aber mit der Zeit mit zunehmender Gewissheit und Glauben –, dass menschliche Liebe nicht nur zeitlich, sondern auch ewig währt. Und als ich feststellte, dass Chan-King diesen Glauben nicht teilte, fühlte ich mich zum einzigen Mal in meiner Ehe ihm fremd, durch einen ungreifbaren Schleier von seinem tiefsten Innenleben abgeschirmt, an dem ich leidenschaftlich in allem teilhaben wollte. Diese Entdeckung ging Hand in Hand mit unserem ersten Schatten – nur dem Schatten eines Schattens, könnte ich sagen, der am Anfang so vage war, dass wir nicht mehr als Unbehagen verspürten.

Chan-King wurde krank, wenn auch nicht ernsthaft, und erholte sich schnell. Aber auch auf dem Weg der Besserung erlangte er nie wieder sein altes körperliches Wohlbefinden zurück. Anzeichen – oh, die allerkleinsten Anzeichen – warnten uns vor einem schweren, langsamen Zusammenbruch seines Organismus durch Schwindsucht. Wir konnten es kaum glauben.

Sein Arzt riet ihm, die Belastungen der Arbeit so weit wie möglich zu verringern. Wir sprachen in den frühen Morgenstunden vieler Nächte miteinander, und Chan-King beharrte immer darauf, dass seine Depression das Ergebnis vorübergehender Erschöpfung sei, die mit Sicherheit nach ein paar Wochen Ruhe in der freien Luft der Berge vergehen würde.

Während dieser Zeit sprach ich mit ihm über die Ewigkeit der Liebe und meinen Glauben an ein Leben in der Zukunft. „Wohin könnte der Tod einen von uns bringen, dem der andere nicht folgen kann?", fragte ich ihn mit seltsamem Triumph.

Seine Augen hielten meine eine lange Minute fest. Sein Gesicht war sehr traurig. „Da bin ich mir nicht sicher. Ich habe keine Ahnung, was wir in einem anderen Leben füreinander sein werden. Ich bin mir nur sicher, dass wir jetzt alles füreinander sind."

Ein unbeschreibliches Gefühl der Angst ergriff mich. Chan-King erschien mir auf einmal schrecklich fremd und distanziert; ich konnte nicht sprechen, denn ich hatte das Gefühl, in einer fremden Sprache über einen großen Abgrund hinweg zu rufen. Ich sagte nichts, aus Angst, ihn zu beunruhigen, aber er musste meine Unruhe gespürt haben, denn er nahm meine Hände, hielt sie vor sein Gesicht und ließ seine Augen auf mich strahlen. „Schau nicht so", sagte er. „Wir haben noch viel Zeit, um an die Ewigkeit zu denken." Aber vom Tag dieser Krankheit an wich der Schatten kein einziges Mal von mir.

Nun lockte uns der Wohnzauber der französischen Konzession mit ihren breiten, von Bäumen gesäumten Alleen und frischen, windgepeitschten Plätzen. Also zogen wir in ein neues Reihenhaus mit Blick auf die Avenue Joffre. Unsere großen Zimmer gefielen uns, jedes mit einem gefliesten Kamin, polierten Böden mit Tientsin-Teppichen und elektrischem Licht. Es gab einen Rasen mit chinesischen Orchideen und einem Rand aus Palmen und Magnolien, und gleich um die Ecke war ein öffentlicher Garten, in dem zu Wilfreds Freude jeden Tag Dutzende von Kindern unter der Obhut ihrer jeweiligen *Amahs spielten* . Unser Dienstpersonal war durch die Einstellung eines Rikscha-Kulis und einer zweiten *Amah auf fünf Personen angewachsen* .

Kurz darauf erhielt Chan-King einen Brief von seinem Vater, die erste Nachricht, die er seit unserer Hochzeit von seiner Familie erhalten hatte. Er enthielt eine Einladung zu einem Besuch in der Heimat, da seine Mutter sich sehr wünschte, ihn wiederzusehen.

„Ich kann das nur auf eine Weise interpretieren, Margaret", sagte er verwirrt. „Es ist ein Angebot zur Versöhnung. Das heißt, sie wissen nicht, dass du bei mir bist."

„Gehen Sie und sehen Sie selbst, was es ist", sagte ich ihm. Denn ich hätte um seinetwillen einer Versöhnung unter fast allen Bedingungen zugestimmt. Ich hatte genug vom chinesischen Familienleben gesehen, um die starken Bande der Zuneigung und des Interesses zu verstehen, die den Clan zusammenhalten, und ich spürte in meinem eigenen Herzen, wie grausam es war, diese Bande zwischen Mutter und Sohn und Bruder und Bruder zu brechen.

„Ich möchte ihnen von dir erzählen", antwortete Chan-King. „Das ist meine Chance."

Bevor Chan-King ihre Einladung annahm, schrieb er ihnen und teilte ihnen mit, dass seine Frau bei ihm sei. Und ihre Antworten darauf bestätigten, dass seine erste Vermutung richtig war. Seine Familie wusste, dass er nach China zurückgekehrt war, und da sie nichts weiter von seiner Ehe gehört hatten, hatten sie angenommen, dass alles vorbei sei. Diese Schlussfolgerung war für sie nicht gerade überraschend. Mehr als eine ausländische Frau hat sich geweigert, ihren chinesischen Ehemann nach Hause zu begleiten. Ich selbst kam mit einem gelegentlichen Halbhaushalt in Kontakt, in dem ein Chinese durch seine Geschäftsangelegenheiten in China festgehalten wurde, während seine Frau am anderen Ende der Welt auf ihn wartete. Manchmal wartete sie auch nicht, und die Ehe endete auf herkömmliche Weise – das heißt vor dem Scheidungsgericht. Chan-Kings Leute stellten sich vor, dass ihm etwas in dieser Art passiert war, und waren durchaus bereit, alte Rechnungen zu begleichen und die Verwandtschaftsbande wieder aufzunehmen.

Nachdem sie den ersten Versöhnungsbrief geschrieben hatten, blieben sie ganz normal bei ihrer Haltung und änderten ihre Begrüßung nur ein wenig ab, indem sie ihn baten, sie allein zu besuchen. Sehr taktvoll und sanft drückten sie es so aus: Sein Vater werde alt und jede plötzliche Veränderung beunruhige ihn; der Haushalt sei in letzter Zeit durch Heirat und Geburten gewachsen und er würde alles viel angenehmer finden, wenn er allein käme.

Er ging, fest entschlossen, die Meinung seiner Familie mir gegenüber zu ändern. Und auch ich wollte ihnen unbedingt mitteilen, dass Chan-King durch eine Heirat mit einem Ausländer nicht geschadet hatte. Während der sechs Wochen seiner Abwesenheit waren seine Briefe fröhlich unverbindlich, obwohl er von seiner Freude sprach, wieder im Haus seiner Mutter zu sein. Ich dachte viel über dieses Haus nach, über das komplizierte Leben der Menschen darin und ihre vielen Verwandtschafts- und Autoritätsebenen. Chan-King hatte mir genug erzählt, um mir ein ziemlich klares Bild von ihnen zu geben. Ich hatte immer ihre Fähigkeit bewundert, schwierige Beziehungen unter einem Dach mit äußerster Freundlichkeit und gegenseitiger Höflichkeit aufrechtzuerhalten.

Doch ich war westlich genug, um zu spüren, dass Chan-King und ich uns besser kannten und freier waren, einander gründlich kennenzulernen, allein in unserem eigenen Haushalt, der sich zu einer ziemlich chinesischen Mode entwickelte. Ich erwartete mein zweites Kind und sah dem neuen Leben voller Hoffnung entgegen, denn ich war immer eine sehr mütterliche Person gewesen und wollte mehrere Kinder. Doch für Chan-King und mich war unsere Liebe zueinander das Wichtigste im Leben – der Grund für den Rest unserer Existenz. Wir akzeptierten die Tatsache der Geburt so selbstverständlich wie den Wechsel der Jahreszeiten. Kinder waren ein wesentlicher Bestandteil unseres Glücks, aber nicht der wichtigste. Wir richteten unser Heim für uns selbst ein, als zwei Liebende, die beschlossen hatten, ihr Leben gemeinsam zu verbringen.

Chan-King drückte unsere Ansichten folgendermaßen aus: „Die chinesische Vorstellung ist, dass die Familie das Ziel ist und die Kinder das Mittel, sie aufrechtzuerhalten. Im Westen sind die Kinder das Ziel und das Zuhause lediglich das Mittel, sie aufrechtzuerhalten. Sie und ich haben das, glaube ich, perfekt geregelt – das Zuhause ist für uns alle da und jeder von uns hat seinen Platz darin.“

Chan-King kam eines Morgens früh zurück und ich wusste schon beim ersten Blick auf sein Gesicht, dass sein Besuch fruchtbar gewesen war. Ich stürzte mich in seine Arme und als er mich küsste, sah ich, dass seine Augen heiter und zufrieden waren.

„Wie geht es Eurer erhabenen Mutter, Mylord?", fragte ich ihn mit einer Verbeugung.

„Meine Mutter ist bei guter Gesundheit und möchte ihre Schwiegertochter kennenlernen", antwortete er, und trotz des scherzhaften Tons wusste ich, dass er es ernst meinte.

Ich wollte wissen, wie es zu diesem Gefühlswandel gekommen war.

„Als ich ihnen von dir erzählte", sagte Chan-King, „war meine Mutter sichtlich erstaunt. ‚Ich habe das nicht verstanden!', wiederholte sie immer wieder. ‚Ich habe das nicht verstanden!' Und bevor ich ging, sagte sie zu mir: ‚Wenn sie wirklich so ist, wie du es mir sagst, warum bringst du sie dann nicht hierher?' Ich habe nicht erwähnt, dass dies unsere erste Einladung war, Margaret! Möchtest du mitkommen, meine Liebste?"

Ich zögerte einen Moment. „Ja, aber noch nicht", antwortete ich.

„Wir werden für eine Weile nicht gehen", versicherte mir Chan-King.

Wir sprachen viel über den Besuch meines Mannes, und ich erhielt neue Erkenntnisse über die tatsächlichen Umstände seiner Entfremdung von seiner Familie und die enorme Bedeutung, die seine Heirat in den Köpfen seiner chinesischen Verwandten hatte.

Ich kann die Bedeutung der Position des ältesten Sohnes in einem chinesischen Haushalt der Oberschicht kaum übertreiben. Nach seinem Vater ist er das männliche Oberhaupt der Familie. Seine Frau ist der begleitende Schatten, die nie versagende Gefährtin seiner Mutter. Unser Ausdruck „Ein Mann heiratet" wird im Chinesischen als „Er führt eine neue Frau ein." Unter dem alten Regime tat er dies wörtlich, denn er brachte seine Braut ausnahmslos in sein Stammhaus. Der Ausdruck für die Heirat eines Mädchens lautet: „Sie verlässt die Familie." „Eine neue Frau" ist die Bezeichnung für eine Braut. Die westliche Ausbildung vieler junger Männer der chinesischen Oberschicht hat zu einigen drastischen Umstrukturierungen in den Familien der Vorfahren geführt. Oft kehren diese älteren Söhne zurück, heiraten nach altem Brauch und leben in ihren Elternhäusern. Aber oft heiraten sie auch hochentwickelte Chinesinnen, gründen fernab ihrer Heimatstädte eigene Betriebe und Berufe und leben nach halbfremden Sitten.

In dieser Hinsicht war unser Fall ziemlich typisch. Wie ich bereits erzählt habe, hatte Chan-Kings Mutter jahrelang der Hochzeit ihres ältesten Sohnes mit der kleinen Miss Li-Ying entgegengefiebert. Sie hatte erwartet, dass in ihren mittleren Jahren die übliche Befreiung der chinesischen Frau von den Fesseln der Jugend eintreten würde. Da sie eine treue und gehorsame

Ehefrau und Schwiegertochter gewesen war, erwartete sie zu Recht, die Autorität über ihre Familie zu übernehmen und sich dabei auf den Arm der Frau ihres Sohnes zu stützen. Diese jüngere Frau würde ihren Platz in der langen Kette pflichtbewusster Töchter einnehmen; sie würde helfen, Gäste zu empfangen; sie würde die Familienheiligtümer instand halten; sie würde unter der Aufsicht ihrer Schwiegermutter alle möglichen Haushaltspflichten erfüllen. Nach dem Tod der Mutter ihres Mannes würde sie das weibliche Familienoberhaupt werden und für alles verantwortlich sein, wobei ihre Privilegien und ihre Autorität mit zunehmendem Alter zunehmen würden, insbesondere wenn sie die Mutter von Söhnen wäre. Ihre große Aufgabe würde darin bestehen, dem Clan Kinder zu schenken, damit es den Ahnenheiligtümern nie an Gläubigen mangeln würde. Ich erkläre diese Dinge an dieser Stelle, damit ich mich nicht einen Augenblick lang irre, wenn ich den folgenden Vorfall schildere. Zu diesem Zeitpunkt hatte ich schon lange genug in China gelebt, um fast vollständig orientalisiert zu sein, zumindest was meine Sympathien anbelangte, und dennoch war ich ein wenig besorgt, als Chan-King, nachdem er eine Weile über die Ereignisse seines Heimatbesuchs gesprochen hatte, plötzlich innehielt und unsicher sagte: „Es gibt eine Sache, die ich Ihnen sagen möchte, aber ich bin nicht sicher, ob Sie sie verstehen werden."

Aber ich antwortete sofort: „Natürlich werde ich das verstehen. China war freundlich zu mir. Was habe ich zu befürchten?"

Chan-King fuhr dann bedächtig fort: „Erst als ich meine Mutter wiedersah, verstand ich, dass ich ihr gegenüber wirklich grausam war, indem ich ihr eine Schwiegertochter vorenthielt, auf die sie sich im Alter stützen konnte. Oh, Margaret, das Schicksal einer Frau ist nicht leicht, mit all den Schwierigkeiten, die Eltern, Brüder und Kinder mit sich bringen! Und ich hätte meinen Anteil an all dem wiedergutgemacht, wenn ich gekonnt hätte – aber natürlich konnte ich nichts tun, überhaupt nichts."

Und ganz ruhig erzählte er mir, dass seine Mutter kurz nach seiner Ankunft zu Hause ernsthaft mit ihm über ihren Bedarf an einer Schwiegertochter gesprochen hatte. Gemäß alten Bräuchen wünschte sie, dass er eine chinesische Zweitfrau nehmen sollte, die im Haus der Familie leben würde und in gewisser Weise meine Rolle als Schwiegertochter übernehmen würde. Chan-Kings Mutter bot an, diese Heirat für ihn zu arrangieren und versicherte ihm, dass die Zweitfrau und ihre Kinder während seiner langen Abwesenheit gut versorgt und freundlich behandelt würden.

Ich hörte ungläubig zu, und die Frage, die ich nicht stellen konnte, stand mir in den Augen. Ich wusste natürlich, dass der Brauch, sich eine Zweitfrau zu nehmen, unter wohlhabenden Familien in China nicht ungewöhnlich war, selbst wenn beide Frauen unter einem Dach lebten. Aber ich hatte nur ganz beiläufig darüber nachgedacht. Und nicht ein einziges Mal war mir in den Sinn gekommen, dass dieses Problem auch mein Leben berühren würde. Als ich plötzlich damit konfrontiert wurde, erlitt ich einen Schock im Innersten meines Wesens. In dem Moment, der auf die Erzählung meines Mannes folgte, konnte ich natürlich nicht denken. Ich fühlte nur eine gewaltige, tosende Welle des Schmerzes um mich herum aufsteigen, ein Gefühl völliger Hilflosigkeit, wie ich es weder vorher noch nachher je erlebt habe. Ich wundere mich jetzt über meine sofortige subjektive Bereitschaft zu glauben, dass mein Mann sich diesem Brauch seines Landes angepasst hatte; dass er seine westliche Erziehung bei seinem ersten erneuten Kontakt mit den traditionellen Gewohnheiten seiner Rasse abgeschüttelt hatte.

„Hast—du—?", fragte ich schließlich und hielt inne.

Er kam sofort zu mir und legte seine Arme um mich. Als er den Kummer in meinem Gesicht sah, runzelte er die Stirn und zog seltsam reumütig die Brauen zusammen.

„Ich wundere mich, dass du fragst", sagte er. „Wie könnte ich zu dir – und zu deiner Treue und deinem Vertrauen – zurückkehren, wenn der Schatten dieser Täuschung zwischen uns schwebt? Ich habe meiner Mutter sehr deutlich gemacht, dass ich nie eine andere Frau als dich haben werde. Du und ich sind zusammen, meine Liebe, und niemand sonst, solange wir beide leben."

Und seine Worte hatten den feierlichen Klang eines erneuerten Gelübdes. Diese hohe Ehrlichkeit Chan-Kings mir gegenüber war ein Fels, auf den ich meinen Glauben gründete. Und seine endgültige Ablehnung einer unter seinem Volk akzeptierten Form stellte ein echtes Opfer seinerseits dar, soweit es sein materielles Wohlergehen betraf. So großzügig und ohne Zögern wie das erste Opfer legte er bei unserer Hochzeit das zweite Votiv auf den Altar unserer Liebe. Er hatte, wie Sie sehen, seinen Vater und seine Mutter nach Ansicht durch seine Heirat hoffnungslos verletzt. Vor allem hatte er den großen Rasseninstinkt der Chinesen, seinen Eltern zu gehorchen, in sich selbst verleugnet. Wenn er ihnen gefallen wollte, war dies seine letzte Gelegenheit. Die Heirat mit einer chinesischen Zweitfrau wäre in ihren Augen eine vollständige Sühne gewesen. Gleichzeitig hätte es bedeutet, dass er sofort seinen rechtmäßigen Platz unter ihnen wiedererlangt hätte – an erster Stelle in ihrer Zuneigung und ihrem Erbe. Die familiäre Unterstützung hätte ihn sofort in die Position gebracht, für die er ohne sie wahrscheinlich jahrelang hätte kämpfen müssen.

Und später wurde mir klar, wie leicht er hätte nachgeben können, ohne dass ich davon etwas hätte wissen müssen. Tatsächlich hätte ich mit einer zweiten Frau im Haus seiner Mutter leben können, ohne zu ahnen, dass sie dort in dieser Position war, so fest und leidenschaftslos ist der Clansinn, so zurückhaltend und distanziert ist die persönliche Beziehung, wenn es um den Frieden und die Würde der Familie geht.

Einige dieser Dinge waren mir seit Beginn meines Lebens in China bewusst, einige davon erfuhr ich an jenem Tag im Gespräch mit Chan-King, und andere entdeckte ich, wie ich bereits sagte, nach und nach später. Aber von jenem Tag an veränderte sich unsere Beziehung ganz sicher, wurde gefestigt und kristallisierte sich. Wir waren beide für immer davon überzeugt, dass wir einander in keiner noch so kleinen Sache enttäuschen konnten. In mein Herz strömte eine Wärme der Ruhe, wie eine stetig brennende Lampe. Wir waren uns unserer Liebe ohne jeden Zweifel sicher, für immer. Und eine Zeit lang erlebten wir eine Wiederauferstehung jugendlichen Glücks, eine feine Leidenschaft neuer Hoffnungen und Ambitionen, als ob auf wundersame Weise der Frühling wiedergekommen wäre, obwohl wir Oktober erwartet hatten.

Die Familienbriefe kamen jetzt regelmäßig nach Chan-King, immer mit einer freundlichen Nachricht für mich. Offenbar sollten die Beziehungen auf der Ebene einer guten Freundschaft wieder aufgenommen werden, nicht mehr. Aber das war so viel mehr, als wir zu hoffen gewagt hatten, dass wir vollkommen glücklich darüber waren.

Chan-King muss seinen langsam nachlassenden Gesundheitszustand erwähnt haben, denn seine Mutter schrieb ihm einen besorgten Brief und bat ihn, noch einmal für eine Weile nach Hause zu kommen. Chan-King kam zu dem Schluss, dass seine Angelegenheiten seine Abwesenheit nicht rechtfertigten, und schrieb ihr in diesem Sinne.

Als ich eines Morgens auf der Veranda saß und nähte, erschien Ah Ching plötzlich vor mir.

„Herrn Mutter, er ist unten", verkündete er ruhig.

Ich starrte ihn verständnislos an.

"Was sagen Sie?"

Ah Ching kam näher. Er hielt eine Hand hoch und zählte langsam seine Worte an seinen Fingern ab. „Missee-sabe-master-have-got-one mother?", fragte er geduldig.

"Ja ja!"

„Na, er ist ja gerade erst gekommen. Er ist die Treppe runter!"

Ich stand auf. Ich war ängstlicher und nervöser als je zuvor. Ich vergaß nicht, dankbar zu sein. Ich trug ein komplett chinesisches Gewand – einen schwarzen Rock und eine blaue Samtjacke. Diese Tatsache gewann in meinem Kopf eine amüsante Bedeutung, als ich da stand und versuchte, mich unter Kontrolle zu bringen. Ich hatte dieses Treffen tausendmal geplant, und jetzt, da es so weit war, war ich völlig hilflos. Ich ging verwirrt die Treppe hinunter, rannte ein paar schnelle Schritte, blieb dann abrupt stehen und begann langsam wieder von vorne. Wenn Chan-King da gewesen wäre, wäre ich zu ihm geflohen und hätte die ganze Situation in seine Hände gelegt; aber ich war allein und mir nur einer Sache sicher – ich wollte die Liebe meiner chinesischen Mutter gewinnen, wenn ich konnte. Subjektiv müssen mich all die Geschichten, die ich über chinesische Schwiegermütter gehört hatte, stärker beeindruckt haben, als ich zugegeben hatte, denn ich erinnerte mich an etwas, das Chan-King mir vor langer Zeit erzählt hatte: „Ich kann Ihnen die Bedeutung der Mutter im chinesischen Haushalt nicht beschreiben. Sie ist eine absolute Alleinherrscherin und hat praktisch die alleinige Autorität über ihre Söhne, Schwiegertöchter, Bediensteten, Verwandten und alle außer ihrem Ehemann, der normalerweise beruflich abwesend ist. Ihr Alter stellt das komplette Gegenteil der Zurückhaltung und Disziplin ihrer Jugend dar."

Ich blieb abrupt an der Tür des Salons stehen. Ich sah die Mutter meines Mannes zum ersten Mal. Sie war für mich zu einer Persönlichkeit von fast legendärer Erhabenheit geworden, und ich war überrascht, dass sie irgendwie so real, lebendig und echt aussah. Sie saß in einem großen Sessel mit hoher Lehne und hatte die Hände flach auf den Knien ausgebreitet. Ihr Gesicht war das Gesicht der jungen Mutter auf dem Foto, das Chan-King mir gezeigt hatte, nur älter und ein wenig strenger geworden. Sie war in schwarzen Brokat gekleidet, dessen steife Falten und präzise Knicke ihre Würde betonten. Unter den Säumen ihres Rocks schimmerten ihre winzigen grauen Schuhe, die rot und grün bestickt waren. Neben ihr stand der männliche Verwandte, der sie begleitet hatte – ein chinesischer Gentleman der alten Schule, in einem langen Kleid aus dunkler Seide. Hinter ihrem Sessel standen ein Dienstmädchen und zwei Diener.

Ich wusste, dass sie kein Englisch sprach, und ihren Südstaatendialekt kannte ich noch nicht. In dem totenstillen Raum entstand eine abrupte Pause, während wir uns ansahen.

Ich faltete meine Hände auf chinesische Art, lächelte und verbeugte mich. Meine chinesische Mutter stand sofort auf und trat einen Schritt auf mich zu, wobei sie sich mit Hilfe eines dicken Stocks mit goldenem Knauf auf ihren winzigen Füßen stützte. Ich sah, dass sie ungewöhnlich groß war. Dann streckte sie überraschenderweise ihre Hand aus, wie es die Amerikaner tun, und ich schüttelte sie, während wir beide noch immer das Gesicht des anderen absuchten. Ich sah in ihrem Blick den Ausdruck, den ich brauchte, um mich zu beruhigen – die Mischung aus Freundlichkeit und Besorgnis – eine Spur der Angst, die, da bin ich mir sicher, das genaue Gegenstück zu meinem eigenen Ausdruck war. Da wusste ich, dass ihr Herz nicht sicherer war als meines und dass dieses Treffen für sie genauso wichtig war wie für mich.

Ah Ching rückte meinen Stuhl heran, und wir setzten uns zusammen, lächelten uns an und ließen unsere Gesten für uns sprechen. Schließlich streckte sie ihre rechte Hand mit der Handfläche nach unten aus, so groß wie ein kleines Kind vom Boden aus, und neigte ihren Kopf zu mir, die Augenbrauen fragend hochgezogen. Ich formte aus meinen beiden Händen ein Kissen, legte meinen Kopf darauf, schloss die Augen und zeigte dann nach oben. Wir waren beide entzückt von dieser einfachen Pantomime. Der ältere Mann – ihr Cousin – sah erfreut und mitfühlend aus, und sogar die drei ernsten Diener lächelten ein wenig. Sie fragte mich mit Gesten, wo mein Mann sei. Ich winkte ausgiebig und deutlich in Richtung der Straße, in die allgemeine Richtung der Stadt. Sie nickte, lehnte sich ein wenig zurück und holte tief Luft. Wir waren am Ende unserer Fähigkeit angelangt, uns ohne die Hilfe eines Dolmetschers zu unterhalten.

Als ich Chan-Kings Klingeln am Tor hörte, eilte ich hinaus, um ihm die Neuigkeiten zu überbringen. Er war noch aufgeregter als ich und eilte vor mir zum Haus. Ich ging sehr langsam, damit sie sich ungestört begrüßen konnten, und als ich ankam, strahlten sie einander an und unterhielten sich im Dialekt der Südprovinz über ein sehr schläfriges, engelhaftes Kind, das Chan-King voller väterlichem Stolz herunterbeordert hatte, um seine Großmutter sofort zu begrüßen.

Als das Gefolge sich beruhigt hatte, teilte mir Chan-King mit, dass unsere Mutter sechs Wochen bei uns bleiben würde. Während dieser Zeit lernte ich die Kunst der Pantomime besser als alles, was ich mir je von meiner zurückhaltenden Natur erhofft hatte. Meine chinesische Mutter und ich unterhielten uns mit Augenbrauen, Händen, Lächeln, Nicken und Kopfschütteln und drehten oft die Augen. Ich empfand sofort Zuneigung und Bewunderung für sie, und sie nahm mir gegenüber eine sanfte, vertrauliche Haltung ein, die mir sehr gefiel.

Sie hatte uns Geschenke nach chinesischer Art mitgebracht: für mich eine fein gearbeitete Kette aus chinesischem Gold in einer Schachtel aus geschnitztem Sandelholz; für Wilfred ein Dutzend chinesischer Anzüge in den bunten Mustern, die von Kindern des Orients getragen wurden und die dem stolzen, kleinen Mann so gut standen, dass er, in sie gekleidet, schon sein Erbe anzutreten schien. Sie brachte auch große Körbe mit frischem Obst mit – Pampelmusen, Litschis und Drachenaugen – und unzählige Gläser mit konserviertem Fisch, Fleisch und Gemüse, die Chan-Kings Lieblingsspeisen gewesen waren, als er ein Junge zu Hause war.

Madame Liang liebte das Einkaufen wie eine Chinesin. In Begleitung ihrer Kusine und der Dienerschaft gingen wir vom Seidenhändler zum Porzellanhändler und vom Messingarbeiter zum Teppichweber und sammelten Schätze. Obwohl sie die meisten ihrer Verhandlungen über ihre Kusine führte, handelte sie mit einer Festigkeit und einem Wertebewusstsein, das ich sehr bewunderte. In den Seidengeschäften kaufte sie wunderbare Brokat-Satinstoffe und bestickte Seiden und ließ mich das Muster aussuchen, das ich wollte. Obwohl sie die charakteristischen Merkmale der Kleidung ihrer eigenen Provinz sorgfältig bewahrte, interessierte sie sich sehr für den Shanghai-Stil und untersuchte meine Garderobe kritisch. Dabei fielen ihr die kurzen Ärmel mit den eng anliegenden Unterärmeln und die Röcke mit sieben Zöpfen – nicht fünf wie zum Beispiel in Kanton – auf jeder Seite auf.

Entgegen der im Westen weit verbreiteten Vorstellung, dass sich die Mode in China nie ändert, legt die chinesische Frau peinlich genau Wert auf die genaue Länge und Fülle – oder Knappheit – ihrer Mäntel, Röcke und Hosen. Sie achtet peinlich genau auf die Breite der Schrägbänder oder Borten oder Spitzen, die sie als Verzierung verwendet, auf die Anzahl und Anordnung der Verschlüsse, auf die Form und Höhe ihres Kragens. Alle diese Details ändern sich – unter der Führung Shanghais – von Saison zu Saison ebenso tyrannisch wie bestimmte Stilmerkmale bei uns unter der Führung New Yorks oder Pariser. Außerdem gibt es bei uns im Gegensatz zu vier Jahreszeiten acht Jahreszeiten, jede mit ihrem entsprechenden Stil und Gewicht der Kleidung.

Zu Hause nähte Mutter viel, wobei sie ihre Hände trotz der langen, gebogenen Fingernägel an ihrer linken Hand anmutig und sehr geschickt benutzte. Meine amerikanische Nähmaschine faszinierte sie. Sie hatte zu Hause eine ausgezeichnete handbetriebene Maschine, erklärte Chan-King, aber meine funktioniere mit einem Pedal, und sie wollte sie ausprobieren. Ich nahm die winzigen, bunt beschuhten Füße in die Hände und stellte einen vorwärts und einen rückwärts auf das Eisengitter. Und sie bewegte sie sehr gut, abwechselnd, und nähte mehrere Nähte mit Energie.

Chan-King, seine Mutter und ich gingen zusammen in chinesische Cafés und Madame Liang war erfreut und amüsiert, als sie sah, dass ich nicht nur mühelos mit Stäbchen umging, sondern auch eine echte Vorliebe für chinesisches Essen hatte. Wir gönnten uns alle möglichen kulinarischen Gerichte: gewürztes Huhn und Ente, Haifischflossen, Vogelnestsuppe mit Taubeneiern (meine Lieblingsspeise), Seetang und Bambussprossen, kandierte Kakis, Lotussamen und Hirsepudding mit Mandeltee.

Einmal, als ich in einem Café auf dem Dachgarten amerikanische Kleidung trug, erregte mein Gebrauch von Stäbchen beträchtliches Interesse bei den umstehenden Tischgästen, und es drangen vereinzelte Bemerkungen zu uns, denn die Chinesen freuen sich immer, wenn Ausländer mit ihren Gebräuchen vertraut sind. „Zweifellos ist sie eine Missionarin", bemerkte eine junge Frau im Dialekt meines Mannes. Als meine Mutter das hörte und verstand, sagte sie sofort in klarem, freundlichem Ton: „Mein Sohn, vielleicht möchte deine Frau jetzt etwas Amerikanisches essen." Chan-King übersetzte mir sowohl Bemerkung als auch Vorschlag, und ich war erfreut zu erfahren, dass meine chinesische Mutter sich jedenfalls nicht schämte, ihre amerikanische Tochter an einem öffentlichen Ort zu begrüßen.

Mutter mochte das Theater und da es in Shanghai einige hervorragende Theater gab, veranstalteten wir während ihres Aufenthalts mehrere Partys.

Die große halbrunde Bühne, auf der ein berühmtes altes historisches Stück aufgeführt wurde, das wir sahen, war mit prächtigen Stickereien behangen, mit einem dicken, riesigen Peking-Teppich ausgelegt und – wie das ganze Theater – hell elektrisch beleuchtet. Die Schauspieler trugen die prächtigen Amts- und Militärgewänder einer frühen Dynastie. Wie auf der elisabethanischen Bühne wurden die Frauenrollen von Männern übernommen, die durch geschickt konstruierte Schuhe den Eindruck gebundener Füße erzielten. Die ohrenbetäubenden Trommeln und Gongs fand ich manchmal ein wenig anstrengend und die plumpen Requisiten-Behelfsmaßnahmen passten nicht so recht zu den wunderbar kunstvollen Vorhängen und Kostümen. Aber da ich mit der Geschichte vertraut war, verstand ich die Handlung und genoss sie offensichtlich so sehr, dass Mutter erneut überrascht war, wie Chan-King mir später erzählte. Wir saßen in unserer Balkonloge über den undeutlichen Reihen der unteren Sitze, die mit einem unruhigen Publikum aus Männern, Frauen und vielen Kindern in den Armen ihrer *Amahs vollgestopft waren* . Auf der breiten vorderen Reling unserer

Loge stand die unvermeidliche Kanne Tee, und es war auch noch Platz für Obst, Zuckerrohr, Melonenkerne oder Fleisch- und Reisgerichte, die wir aus der endlosen Auswahl kaufen wollten, die uns eifrige Jungen in runden Mützen und blauen Baumwollkleidern anboten. Ab und zu kam ein Diener mit einem riesigen Teekessel, um unsere Teekanne nachzufüllen, und einmal bot er uns die üblichen dampfend heißen Handtücher für klebrige Finger an. Chan-King winkte energisch ab. „Schrecklicher Brauch", sagte er zu mir. „Unhygienisch. Wie können sie das machen?" Und er fügte seiner Mutter etwas Ähnliches auf Chinesisch hinzu. Sie betrachtete ihn verständnisvoll, mit einem winzigen Schimmer überlegener Weisheit in den Augen. Aber sie antwortete nicht.

Sie hatte Gefallen an Wilfred gefunden, der inzwischen einen recht guten Wortschatz in Chinesisch hatte, den er stets im Gespräch mit seiner *Amah* *verwendete* . Er war ein hübscher Junge, typisch chinesisch, sehr charmant in seinem Benehmen, er mochte seine *Amah* und seine nachsichtige Großmutter sehr. Madame Liang nahm sein Kinn in ihre Hände, musterte sein Gesicht aufmerksam und nickte anerkennend. Dann streichelte sie seinen runden schwarzen Kopf und gab ihm Melonenkerne oder Mandeln aus ihrer Tasche. Wilfred benutzte eine merkwürdige Mischung von Dialekten – eine Mischung aus Mandarin und der Umgangssprache Shanghais, mit einer Prise Kantonesisch aus seiner *Amah* . Madame Liang machte sich geduldig daran, ihm auch ihren eigenen Dialekt beizubringen.

Als ihr Besuch zu Ende war, sagte unsere Mutter zu Chan-King: „Das ist ein chinesisches Haus, mit einer chinesischen Frau darin. Alles ist chinesisch. Ich hätte es nie geglaubt, ohne es zu sehen, denn ich dachte, Ihre Frau wäre eine westliche Frau. Ich bin glücklich." Und sie sagte ihm noch einmal, dass wir sie besuchen müssten, denn sie brauchte uns.

Chan-Kings Vater, Mitglied einer alten, etablierten Firma im Import- und Exporthandel auf den Philippinen, war unterwegs, um sich um sein Geschäft zu kümmern oder um Besuche mit Freunden seines Alters und seines Standes. Seine Heimkehr hatte den Charakter eines Urlaubs. Die Führung des Haushalts lag in den Händen von Madame Liang.

Während sie sprach, wurde mir an ihrem Gesicht, an Chan-Kings Antworten und an allem, was ich über das chinesische Familienleben wusste, klar, dass wir Teil dieses Clans waren und es immer sein sollten. Ich empfand eine Ahnung von der Verbundenheit, die ich heute mit der Familie meines Mannes empfinde. Wir waren nicht von ihnen getrennt, und das sollten wir auch nicht sein.

Nachdem unsere Mutter gegangen war, sagte Chan-King etwas in dieser Art zu mir und zitierte, was sie gesagt hatte, dass ich nicht aus dem Westen komme. „Aber ich liebe es, wenn du in diesem Sinne aus dem Westen kommunistisch bist", sagte er mir, „dass du und ich Kameradschaft, Freiheit und Gleichheit in unserer Liebe haben. Das ist es, was mich am glücklichsten macht."

Bevor Chan-King und ich das Haus in Shanghai schlossen, um in die südlichen Berge aufzubrechen, wurde unser zweiter Sohn Alfred geboren. Als er etwa sechs Wochen alt war, fragte mich eine Amerikanerin, ob ich beim Anblick des kleinen orientalischen Gesichts an meiner Brust nicht ein Gefühl der Entfremdung verspüre. Ganz einfach und wahrheitsgemäß antwortete ich mit Nein. Mein Mann war mir in keiner Weise fremd. Wie konnte unser Kind dann so sein?

Sein Kommen bot mir eine willkommene Ausrede, eine kurze Zeit ruhig zu Hause zu bleiben. Ich versuchte nun, gleichzeitig Mandarin und den Dialekt von Chan-Kings Provinz zu lernen – eine Lernmethode, die mich anfangs ständig behinderte. Aber mein Mann war ein ermutigender Lehrer, und ich begann unsicher, mein neues Wissen anzuwenden, und probierte es hauptsächlich an meinem jungen Sohn Wilfred aus, der der eigentliche Sprachexperte der Familie war. Er nahm mein Chinesisch sehr ernst. Das kann ich nicht für Chan-King sagen, der meine Betonung sehr amüsierte.

Gegen Ende des Jahres beschloss ich, eine Stelle als Lehrerin für Englisch und Geschichte an einer chinesischen Mädchenschule anzunehmen. Chan-King war überrascht, als ich ihm sagte, dass ich unterrichten wollte, aber er hatte keine Einwände und verfolgte mit Interesse meine Fortschritte im Laufe des Jahres. Ich liebte meine Lehrtätigkeit. Noch mehr liebte ich die Mädchen in meinen Klassen. Sowohl als Ganzes als auch einzeln fand ich sie geistig und seelisch äußerst wertvoll. Ich kann nicht sagen, wie schön mir die jungen Frauen Chinas erschienen. Ich begann, mir eine Tochter zu wünschen, und als ich gegen Ende des zweiten Trimesters feststellte, dass ich vielleicht meinen Herzenswunsch erfüllen könnte, wurde mir klar, dass mein Mann ihn teilte.

Im Frühherbst schrieb uns unsere Mutter und bat uns, zur kalten Jahreszeit in den Süden zu kommen. Sie äußerte auch die Hoffnung, dass das kommende Enkelkind in ihrer eigenen Provinz geboren werden könnte. Chan-King war seit über einem Jahr ermutigend stark, aber die Winter im Norden waren ihm immer hart gewesen. Wir beschlossen, dass es an der Zeit war, unser Versprechen einzulösen und das Stammhaus zu besuchen. Chan-King sicherte sich sechs Monate Urlaub.

Innerhalb von zehn Tagen hatten wir unsere Angelegenheiten vorläufig erledigt, die Dienerschaft, mit Ausnahme der *Amah* und des treuen Ah Ching, entlassen, unsere Kisten gepackt und unseren Freunden Lebewohl gesagt. Die Blätter fielen in der Allee; die Pflanzen waren an den Rändern der Veranda verdorrt; der Wind blies bedrohlich schrill unter den Dachtraufen. Chan-King wurde blass und begann wieder zu husten. Aus den Fängen des schrecklichen Shanghaier Winters flohen wir in die gastfreundliche Milde des Südens.

Mit einem großen Dampfschiff machten wir uns auf die Reise, die normalerweise nur kurz war. Aber aufgrund der Fahrpläne zu Kriegszeiten waren Änderungen und Verzögerungen die Regel. Nach drei unvorhergesehenen Änderungen und ebenso vielen Verzögerungen erreichten wir einen Hafen gleich hinter der Grenze in der Provinz meines Mannes. Dort machten wir Halt, um drei Tage später mit dem kleinen, ramponierten Trampdampfer weiterzufahren, der laut am Dock schnaufte, um Trockenfrüchte und Farbstoffe auszuladen und Reis, Stoff und Sandelholz aufzunehmen. Aber wir fuhren nicht weiter, wie es der Zufall wollte. Stattdessen besuchte mich bei der Geburt unserer Tochter Alicia eine kleine, lächelnde, kompetente Ärztin, die die Südstaatentracht trug und über einen merkwürdigen Fundus an praktischem Wissen in medizinischen Angelegenheiten verfügte, in ihrem Heimatkrankenhaus.

An einem leicht grauen, leicht anregenden Wintermorgen zehn Tage später legte unser kleines, schaukelndes Schiff – denn ich hatte Chan-King überredet, mich mitfahren zu lassen – aus dem Hafen ab, und Sampans kamen uns entgegen. Wie riesige Fische, die auf den Wellen schaukelten, tauchten und schwankten, kamen diese Sampans mit ihren großen, auf beiden Seiten des Bugs aufgemalten Augen und ihren eigentümlich nach oben gebogenen Hecks in einer Galaflotte auf uns zu, gerudert von mageren, muskulösen Männern in verblichenen blauen Baumwollgewändern. Ich war sehr fröhlich und sehr beschwingt von dem sanften Sonnenschein, der durch den Nebel brach, als ich mit Chan-Kings Hilfe in eines dieser Boote stieg.

Im Hafen wimmelte es von kleinen Booten – flachbödigen Gigs oder Gepäckbooten neben den Dschunken, deren quadratische braune Segel knarrend im Wind hin und her schwangen. Über uns erhoben sich zwei chinesische Kriegsschiffe, deren gewaltige, massige Seitenwände in Schlachtschiffgrau gestrichen waren.

Weiter draußen drehte uns eine kaum eine Meile lange Insel ihr unregelmäßiges Profil zu, eine lange Masse riesiger grauer Felsbrocken, die abrupt aus einem glitzernden Meer ragte. Als wir auf das Festland gerudert wurden, waren wir nahe genug an der Insel, um ganz deutlich die ziegelgedeckten Häuser zu sehen, die von gewölbten Veranden umgeben waren, die sich immer wieder in langen, geschwungenen Linien wiederholten, was einen angenehm spitzenartigen Effekt ergab. Die Insel war von Bäumen im Winterlaub beschattet, nicht im leuchtenden Grün des Sommers, sondern im Salbeigrün und blassen Braun des Novembers. Durch diesen zeitweiligen Vorhang leuchteten die Wände der Häuser in mattem Blau und Korallenrosa und klarem Grau. Zackige Kakteen schossen zwischen den bauchigen Felsen in die Höhe und überall ließ der scharlachrote Weihnachtsstern die Hügel mit Flecken leuchtender Farbe erstrahlen. Ich liebte diese Insel sofort. Ich sagte zu Chan-King: „Dies ist unsere Insel der Seligen, auf der wir leben werden, wenn wir alt sind."

Am Steg ging Ah Ching hinauf, um Sänftenträger herbeizurufen, und bald wurde ich zügig ein paar Meter vor dem Sänftenträger meines Mannes herbeigetragen.

Ich war von köstlicher Euphorie erfüllt, in Chan-Kings Provinz zu sein, so nahe an dem Dorf, das er als kleiner Junge kannte. Mit enormer Neugier spähte ich durch die von innen durchsichtigen Vorhänge. Wir fuhren durch die Stadt, die am Wasser lag – ein heller, offener kleiner Ort, wo die kleinen Häuser mit geschwungenen Ziegeldächern dicht am Boden lagen. Wir gingen in gleichmäßigem Tempo durch die verwinkelten Straßen, die eigentlich nichts weiter als breite Pfade waren. Wir verließen die zerklüfteten Ränder der Stadt und begannen, die Hügel hinaufzusteigen. Ich hob meine Vorhänge ein wenig und wagte es, ungehindert hinauszuschauen. Emotionen stiegen in mir auf. Ich wollte vor Freude über diese Heimkehr weinen, denn es war unsere wahre gemeinsame Heimkehr, und ich fühlte mich insgeheim an all dem Leben beteiligt, das mein Mann hier erlebt hatte.

Wir schlängelten uns den schmalen, gewundenen Pfad hinauf zu den Hügeln, die von einem rauchigen, bernsteinfarbenen Nebel bedeckt waren. Dicht verstreut entlang der Straße nach oben lagen neben den Wohnhäusern kleine Terrassen, die Parzellen mit kultiviertem Land umschlossen, auf denen Pflanzen wuchsen. Wo immer die Leute einen üppigen, flachen Platz auf den steinigen Hügeln fanden, die durch die Abholzung bis auf das Gras von allem beraubt worden waren, hatten sie ihr Gemüse gepflanzt. Diese kleinen Farbflecken, die von sparsamen Gärtnern aus dem in die Hügeltaschen gespülten Boden hervorgelockt wurden, verliehen der sonst so braunen und sengenden Winterlandschaft eine festliche, humorvolle Note. Ich dachte leichtfertig an einen feierlichen Riesen mit seinen Feststräußen. Die Hügel wogten gewaltig dahin, bis sie als Silhouetten vor dem matten Orange und aschigen Purpur der Morgensonne erschienen, die sich durch die Wolken kämpfte. Feste, steil geschwungene, schmale Steinbrücken bildeten für uns einen Pfad über die häufigen Bäche, die ins Tal stürzten.

Hier kamen wir direkt zum alten Dorf der Familie meines Mannes. Es lag kompakt und mit vielen Dächern an einem Hügelhang, so kompliziert verwoben und unvermeidlich aussehend wie eine Kolonie von Vogelnestern, so natürlich ein Teil der Erde, als wäre es aus gepflanzten Samen entstanden.

Reihen von Mauern zogen sich entlang der Hauptstraße. Es waren noch kaum Menschen unterwegs und die Türen in allen niedrigen Häusern aus Gips und Stein waren geschlossen.

Unsere Stühle wurden vor einem hohen, mit einer Haube versehenen Tor in einer steingrauen Mauer abgestellt. Ah Ching klopfte. Das Tor wurde geöffnet, und Diener kamen eilig heraus, begleitet von drei springenden schwarzen Chow-Hunden, die in wilder Herausforderung bellten, bis Chan-King sie ansprach und ihre Drohung in ein freudiges Willkommen verwandelte.

Wir betraten einen geräumigen Innenhof und durchquerten einen herrlichen Garten, einen der schönsten, die ich in China gesehen hatte. Ein künstlicher See plätscherte friedlich dahin, nur die herumflitzenden Goldfische störten sein Wasser. Lorbeer- und Magnolienbäume verdunkelten die Wege. Ein Bambusdickicht wogte und spiegelte sich im Wasser am Rande des Sees.

Chan-King half mir vom Stuhl und zusammen betraten wir durch die weit geöffneten Türen die Haupthalle. Madame Liang, die schon früh von unserer Ankunft in Kenntnis gesetzt worden war, stand dort und mein erster Anblick gab mir ein neues Gefühl der Heimkehr. Ich nahm vage eine große Halle wahr, in deren hinterem Teil ein Hochaltar stand, aus dem Kränze aus süß duftendem Rauch in geraden Säulen vor beschrifteten Tafeln und leuchtenden Bildern unter Glasvitrinen aufstiegen. Das Glitzern der goldenen und scharlachroten Stickereien an der Wand zersplitterte die Dunkelheit mit Lichtstrahlen wie Sonnenlicht durch ein Prisma. Schwer geschnitzte Stühle aus schwarzem Holz mit Teetischen und auch Hocker mit Marmorplatte und bunten, brokatbesetzten Kissen waren im Raum verteilt.

Wir gingen durch die Haupthalle in die Wohnung von Madame Liang, wo man mir einen Stuhl gab. Ich setzte mich, wobei mir plötzlich einfiel, dass ich sehr müde war.

Andere Familienmitglieder, entfernte Verwandte und Cousinen und Gäste, alles Frauen, kamen herein und ich wurde ihnen vorgestellt. Madame Springtime, die Frau des zweiten Sohnes, erwies der Familie die erste Ehre. Sie war so jugendlich – erst siebzehn – und so wehmütig weltfremd, dass sie unter diesen reifen Hausfrauen, die ihre Haushalte und die Ländereien ihrer Männer klug und praktisch führten, wie ein Pfirsichblütenzweig wirkte. In festlichem Gewand in Jadegrün und Lavendel, mit bestickten Schuhen an ihren winzigen Füßen und einem bestickten Kopfschmuck, der ihr glänzendes schwarzes Haar krönte und das Oval ihres schüchternen, lächelnden Gesichts mit seinen schlehenschwarzen Augen umrahmte, kam sie mit einem lackierten Tablett und brachte jedem von uns süßen Tee in

Tassen aus feinstem Porzellan mit Standarten und Deckeln aus Silber und mit winzigen Silberlöffeln mit blumenförmigen Lappen.

Anschließend wurde die hübsche kleine Teezeremonie von verschiedenen Familienmitgliedern wiederholt, während die kleinen Söhne heiße Milch und Kuchen bekamen. Eine eifrige Gruppe versammelte sich um die winzige neue Tochter, die noch friedlich schlief.

Eine lebhafte, geschäftige kleine Dame, etwa im Alter von Madame Liang, beugte sich mit einem fragenden Lächeln über mich und nickte nachdrücklich mit ihrem fröhlichen, hübschen Kopf, als meine Mutter sie mir als Madame Chau vorstellte. Aufwendig in leuchtenden Farben gekleidet, im direkten Gegensatz zu meiner schlicht gekleideten Mutter, war sie so fröhlich wie Madame Liang ernst war, und sie trippelte auf ihren fast unsichtbaren „goldenen Lilienfüßen" mit einer Energie herum, die jedoch die Anmut ihres „Weidengangs" nicht zerstörte.

Aber die bunten Kostüme, das große Bett mit den Vorhängen auf der einen Seite, die Stimmen – alles schien plötzlich weit weg. Und während ich zögerte und entschlossen lächelte, hörte ich die Stimme meines Mannes. „Mutter meint, du bist müde; deshalb wird diese Frau dir dein Zimmer zeigen, wo du dich hinlegen und ausruhen musst."

Einige Zeit später, als ich mich – mit Alicia im Arm – auf dem Bett mit den violetten Vorhängen und den weichen weißen Decken ausruhte, betrat Chan-King leise das Zimmer.

„Fühlen Sie sich so wohl, wie Sie aussehen?", fragte er, und als ich schläfrig nickte, berührte er eine Schachtel Kuchen.

„Die wurden Ihnen von Madame Chau gebracht, der fleißigen kleinen Dame dort draußen. Wissen Sie" – er zögerte einen Moment – „sie wäre meine Schwiegermutter gewesen, wenn ich nicht stattdessen auf Ihrer Mutter bestanden hätte!" und er kniff mich sanft in die Wange.

Ich war jetzt hellwach. „Die kleine Vogeldame da draußen – Mutter von Li-Ying?", fragte ich. „Wo ist denn Li-Ying?"

„Sie haben mir nichts direkt gesagt", antwortete Chan-King. „Aber ich entnehme mehreren sachlichen Gesprächen, die ich in der Nähe geführt habe, dass Madame Chau gerade aus dem Haus ihrer Tochter in Singapur zurückgekehrt ist. Stellen Sie sich vor: Die kleine Li-Ying ist auch verheiratet und hat ebenfalls drei Kinder – zwei Mädchen und einen Jungen. Ich denke", sagte mein chinesischer Ehemann mit bezaubernder Selbstgefälligkeit, legte eine Hand auf meine und beugte sich vor, um Alicias rosa, schlafendes

Gesicht zu küssen, „unsere Vereinbarung ist viel besser. Söhne sollten älter sein; dann werden Töchter richtig geschätzt!"

Mittags, nach einer Stunde ruhigen Schlafs, wurde ich erneut von Chan-King geweckt, der mit einem Tablett neben einem Dienstmädchen stand.

Ich setzte mich auf. „Ich hatte eigentlich damit gerechnet, zum Mittagessen draußen zu sein", sagte ich und machte mich bereit aufzustehen.

Chan-King sah beunruhigt aus. „Bleib, wo du bist", warnte er. „Meine Mutter hat mich gerade dafür gescholten, dass ich dich mit einem zehn Tage alten Baby reisen ließ. ‚Als ob ich etwas dagegen tun könnte!', sagte ich ihr und schob die Schuld auf Eva, ganz wie es die christliche Art zulässt! Sie bewundert deinen Mut, meint aber, dass du deiner Gesundheit zuliebe noch mindestens zwei Wochen ruhen solltest!"

Ich legte mich sanftmütig hin. „Also gut", sagte ich. „Gehorsam ist mein Motto!"

Und für die vorgeschriebene Zeit lag ich in meinem hübschen Zimmer – alle meine Sinne reagierten intensiv auf das Leben in einem chinesischen Haushalt: das Klirren kleiner Gongs, die die Dienerschaft riefen; viel Gelächter, das leise oder deutlich zu hören war, wenn meine Türen geöffnet oder geschlossen wurden; das Getrappel von Lilienfüßen auf dem Gang; das Schimmern von Madame Springtimes strahlend rosa oder blauen Gewändern, wenn sie hereinkam, um sich nach meinem Wohlergehen zu erkundigen oder eine neue Köstlichkeit zu bringen, die man für mich besorgt hatte; der Weihrauch vom Altar, der in Abständen ins Zimmer wehte, mit einer scharfen Süße, die vage Erinnerungen und Gefühle weckte. Alles im Haus – Vorhänge, Kleidung, Möbel – war von diesem Aroma durchdrungen. Vermischt mit einem bitteren Geruch, der durch das enorme Alter destilliert wurde, und mit der reizenden Qualität von Staub, bedeutet dieser Geruch jetzt China für mich und ist kostbarer als alle anderen Parfüme der Welt.

„Aber, Chan-King, das Leben besteht doch nur aus Essen!", protestierte ich ungefähr am dritten Tag, als mir am frühen Nachmittag meine vierte Mahlzeit serviert wurde.

„Aber die Mengen sind klein", antwortete er. „Das ist doch viel besser, finden Sie nicht, als große Mahlzeiten im Abstand von vielen Stunden einzunehmen?"

Frühmorgens brachte mir das junge Hausmädchen eine Schüssel mit heißer Milch und Keksen. In unserer Wohnung servierte sie um halb neun das

Frühstück, bestehend aus weichgekochtem Reis – Congee – mit verschiedenen salzigen, süßen und sauren Beilagen. Um elf Uhr gab es Schildkrötensuppe oder Hühnerbrühe. Mittags gab es ein Tiffin, das aus herzhaften Fleisch- und Gemüsegerichten, Fisch und Suppe sowie trockengekochtem Reis bestand. Unsere Erfrischung am Nachmittag bestand aus Nudeln aus Weizen- oder Bohnenmehl oder vielleicht aus verschiedenen Kuchen. Tee, der in einem Korbwärmer warmgehalten wurde, stand in jedem Zimmer immer bereit. Um sieben Uhr aß die Familie zu Abend, und nachdem die zwei Wochen um waren, gesellte ich mich zu ihnen und saß mit Mutter und meinem Mann am ersten Tisch. Das Abendessen war ein aufwendiges Mahl in mehreren Gängen, mit Reis am Ende. Zur Schlafenszeit gab es wieder heiße Milch oder süßen Congee oder vielleicht Tee, aufgebrüht aus Lotussamen oder Mandeln. Ich knabberte unentwegt daran. Ich fand chinesisches Essen köstlich, insbesondere in der Provinz meines Mannes, die für ihre köstlichen „knusprig" frittierten Sachen bekannt ist.

Aber Chan-King hatte Appetit auf amerikanische Gerichte. Ich gab dem Chefkoch genaue Anweisungen für die Zubereitung von frittiertem Huhn, frischen Salaten, Beefsteak mit spanischer Soße – sogar amerikanischen Hot Cakes, und er genoss die amerikanischen Konserven mit Butter, Käse, Marmelade und Brot, die regelmäßig vom Hafen geliefert wurden.

Eine Episode, die für viel Heiterkeit sorgte, war Chan-Kings Einweihung seiner Familie in das Geheimnis – und die Geschichte – von Chop Suey. Der gehaltvolle Witz dieses „in Amerika hergestellten" chinesischen Gerichts dringt in jeden Haushalt ein, in dem sich der zurückgekehrte Student aufhält. In Shanghai hatten wir amüsiert gehört, wie der verblüffte *Chefkoch* des YMCA-Cafés zu einem der großen im Hafen liegenden Transpazifik-Liner hinuntergegangen war, um vom Chefkoch an Bord zu erfahren, was dieses „Chop Suey", nach dem alle seine zurückgekehrten Studentensegen verlangten, wohl sein könnte. Nun, mit Erinnerungen an alte College-Club-Aktivitäten als Antrieb und mit einem geschickten Koch, der unsere Anweisungen befolgte, führten Chan-King und ich dieses am meisten missverstandene Gericht der Welt in das Stammhaus ein. Die Familie war sich einig, dass es, obwohl vage vertraut, anders war als alles, was sie je zuvor probiert hatten, und sie entschieden ohne Gegenstimme, dass es besser war als frittiertes Hühnchen, spanisches Steak oder Pfannkuchen.

Zu dieser Zeit kam der Bruder meines Mannes, Lin-King, für einen kurzen Besuch nach Hause. Anhand von Fotos schloss ich, dass er seinem Vater ähnelte, der immer noch weg war. Lin-King und Madame Springtime schienen gut zueinander zu passen und glücklich zu sein, obwohl die Hochzeit von ihren Familien arrangiert worden war und sie sich vor der Zeremonie nie gesehen hatten. Ich entschied, dass der alte Brauch doch viel

Wert hatte – für andere Leute – und sagte dies meinem Mann und fügte hinzu: „Wenn unsere Kinder erwachsen sind, müssen wir sie alle Chinesen heiraten lassen." Chan-King sah mich lange schweigend an und fragte dann mit einem humorvollen Seufzer: „Was ist mit dem Beispiel ihres Vaters, meine Liebe?"

Da mein Chinesisch noch immer buchstäblich und ungeübt in den äußerst wichtigen Fragen des Tons und der lokalen Redewendungen war, konnte ich mich nicht mit der Familie unterhalten, und am Esstisch und in der Wohnung meiner Mutter war ich so still und sanftmütig und angenehm im Benehmen wie Madame Springtime selbst. Madame Springtime servierte unseren vielen Gästen in absoluter Stille den formellen Tee, mit einem süßen, starren Lächeln in den Winkeln ihres roten Mundes. Ich beobachtete sie mit brennendem Interesse, denn sie fungierte als erste Schwiegertochter an meiner Stelle.

Das Leben lief reibungslos, dank langer Gewohnheit und absoluter Disziplin. Die Mahlzeiten wurden serviert, die Gemächer in allerbester Ordnung gehalten und die Kinder von einer Gruppe von Bediensteten betreut, die von einer anspruchsvollen Herrin, die genau wusste, was sie wollte, in allen Einzelheiten geschult worden waren. Unsere Tage waren frei für kleine Höflichkeiten, den Austausch hübscher Aufmerksamkeiten und die Pflege des Ahnenaltars.

Von den Zeremonien, die zu verschiedenen Zeiten vor diesem Altar stattfanden, hielt sich mein Mann, seine Frau und seine Kinder sorgfältig fern. Er wurde weder darum gebeten noch erwartet, dass er etwas anderes täte, ebenso wie unser Besuch der kleinen Missionskirche ohne Fragen akzeptiert wurde. Zu anderen Zeiten jedoch hatte ich reichlich Gelegenheit, den Altar zu studieren und die Schönheit seiner massiven Schnitzereien, seiner kunstvollen Weihrauchgefäße und Kerzenleuchter und seiner exquisiten Stickereien zu genießen. Ein Porzellanbild der buddhistischen Göttin der Barmherzigkeit in ihrer Rolle als Sohngebärende, in einer großen Glasvitrine, faszinierte mich durch seine bemerkenswerte Ähnlichkeit mit gewissen katholischen Bildnissen. Aber die Ahnentafeln interessierten mich mehr, und der Respekt, den ich immer Gegenständen entgegengebracht habe, die anderen heilig sind, vermischte sich in diesem Fall mit zutiefst persönlichen Gefühlen: die ineinander verschmolzenen Eigenschaften dieser Männer und Frauen, die so viele Jahre tot und verschwunden waren, lebten in dem Mann weiter, der mein Mann war; ihre Lebensströme pulsierten warm in den Adern meiner Kinder; vielleicht ermöglichte ihnen eine tiefe Einsicht aus dem Jenseits zu erkennen, wie sehr ich mir meiner Schuld ihnen gegenüber bewusst war und wie sehr ich hoffte, dass diese Kinder sich ihres Erbes nicht unwürdig erweisen würden.

Mit Hilfe von Chan-Kings Anleitung und meinen persönlichen Beobachtungen lernte ich bald die vornehmen Abläufe des Hauses. Jeden Morgen um zehn Uhr erschien ich an der Tür von Madame Liangs Wohnung und saß mehrere Stunden bei ihr, oft beim Frühstück, sogar bis zur Teezeit, wenn sie zu verstehen gab, dass sie meine Gesellschaft wünschte. Wenn das Wetter schön war, gingen wir im Garten spazieren, sie stützte sich leicht auf meinen Arm und klopfte mit ihrem Stock auf die Steinplatten. Manchmal wurde hier auch Tee serviert, und die kleinen Kinder gesellten sich zu uns, um heiße Milch und süße Kuchen zu genießen.

Ich brauchte mehrere Tage, um die Mitglieder des Haushalts in ihren richtigen Beziehungen zu identifizieren, denn in diesem großen, weitläufigen Gebäude mit niedrigem Dach hinter der hohen, umhüllenden Mauer waren dreißig Personen versammelt. Es waren fast alles Frauen und zwei Drittel von ihnen Dienstboten. Die ruhigen, sanftmütigen weiblichen Verwandten verbrachten fast ihre gesamte Zeit in ihren eigenen Gemächern. Madame Liangs kraftvolle Persönlichkeit, schweigsam und fesselnd, ließ die Farben fast aller Temperamente um sie herum verblassen. Ihre Freundin, Madame Chau, war ein ungemeiner Trost für sie, denn sie konnte nicht dazu überredet werden, irgendetwas sehr ernst zu nehmen. Madame Liang lachte mehr mit ihr als mit irgendjemand anderem. Während sie eifrig stickten, tratschten sie, und ich lauschte ihrer musikalischen Sprache mit ihrem sanften südlichen Akzent und ihren klingenden, vieltönigen Kadenzen.

Während ich in einem Sessel mit dicken Polstern saß und die kleine Alicia stillte und neben mir eine Kanne Tee stand, dachte ich immer, dass Madame Liang in ihrem prächtigen, reich verzierten, schwarz-orangefarbenen Bett, das an drei Seiten von Paneelen aus bemalter Seide umschlossen und an der Vorderseite mit Seidenvorhängen behangen war, die von Quasten und Brokatbändern zurückgehalten wurden, ein Glied in der Kette der ewigen Dinge sei. Sie war in das Haus gekommen, genau wie es „neue Frauen" Jahrhundert für Jahrhundert getan hatten, und sie hatte ihr Leben fraglos nach ihren Grundsätzen und Vorbildern gelebt. Sie strahlte eine monumentale, zeitlose Würde aus, während sie nähte und über einfache Dinge sprach. In ihrer Gegenwart fühlte ich mich jung und leicht und schrecklich haltlos.

Ich besprach diese Dinge mit Chan-King im Dunkel der Nacht, als im ganzen Haus Stille herrschte. Er war an meinen Reaktionen interessiert, da er wusste, dass sie das Ergebnis einer tiefen persönlichen Liebe zu seiner Familie und Sympathie für jeden in ihr waren. Auch geistig hatte Chan-King Sympathie für seine Familie. Praktisch – nun, wie ich schon sagte, gab es Momente, in denen er sich nach amerikanischem Essen sehnte, und seine erste Tat im Haus war, die Bettvorhänge aus unserer Wohnung entfernen zu lassen.

Sie wurden entfernt, und es wurde nichts gesagt. Im Familienleben herrschte ein wunderbarer Geist der Höflichkeit und Toleranz, und es fehlte völlig jenes Gewirr persönlicher Kritik, das unsere westliche Redefreiheit erlaubt. Nicht, dass es keine Unterströmungen, hier und da intimen Feindseligkeiten, persönliche Opfer und Sorgen gegeben hätte. Aber sie wurden nicht anerkannt, denn im chinesischen Leben werden individuelle Ansprüche im Interesse des Clanfriedens und des Wohlergehens auf ewig aufgegeben. Es gab eine Autorität, und sie lag bei Madame Liang. Ein solches System sorgt für Harmonie und bewahrt die Institution der Familie, auf der ganz China beruht.

Ohne es bewusst zu versuchen, wurde ich dennoch so von diesem Geist durchdrungen, dass ich, als Chan-King Anfang des neuen Jahres von der Regierung nach Peking vorgeladen wurde, meinen Kummer hinunterschluckte und sagte: „Wie großartig für uns alle, Chan-King! Wann fährst du?"

Wir befanden uns in der letzten Woche des alten Jahres, und auf Madame Liangs inständiges Bitten hin verschob mein Mann seine Abreise (soweit die Vorladung es erlaubte), damit er im Kreise seiner Familie den schönsten aller Feiertage feiern konnte. Überall strömten nun köstliche Kochdüfte herüber, für jeden waren neue Kleider bereitgelegt, und die Gesichter strahlten vor Glück.

Eines Abends nach einem Besuch bei seiner Mutter kam Chan-King zu mir und lachte herzlich. „Mutter erinnert mich", sagte er, „dass es für die Dienstmädchen üblich ist, den Staub drei Tage lang beim Bodenfegen sorgfältig in einer Ecke aufzuhäufen, anstatt ihn hinauszuwerfen, damit das Familienglück nicht mit hinausgeworfen wird. Aber sie sagt natürlich, das sei nur ein alter Aberglaube, und wenn du möchtest, kannst du dem Dienstmädchen sagen, es solle den Kehricht wie üblich wegbringen." Ich lachte auch. Dann sagte ich: „Sag Mutter, wir werden unseren Teil dazu beitragen, das Glück in der Familie zu bewahren." „Drei Tage lang", fuhr Chan-King fort, „darf auch niemand ein hartes oder schimpfendes Wort sagen. Und deshalb", fuhr er mit klangvollem Ton fort, „wird dein tyrannischer chinesischer Ehemann aufhören, seiner amerikanischen Frau Vorträge zu halten – die das allerdings sicherlich brauchen wird." Ich sah in seine Augen, die vor unbändiger Fröhlichkeit glänzten, und plötzlich küsste ich sie zu, meine eigenen Augen waren feucht. „Oh, mein Liebster", flüsterte ich, „trotz der Silberfäden bist du doch wieder ein kleiner Junge zu Hause." Und ich strich ihr die schwarzen Locken glatt, die schon mit grauen Haaren durchsetzt waren. „Chan, ich liebe das chinesische Neujahr!", sagte ich.

Sogar jetzt sehe ich alles wieder vor mir. Mein Mann trug ein langes, würdevolles Kleid aus dunkelgrünem Satin – ohne Muster, wie es für Beamte üblich ist –, dunkelgrüne Hosen, eine kurze braune Jacke, gefüttert mit weichem Pelz, eine schwarze Satinmütze und schwarze Stiefel. Wilfred war ein ganz junger Herr in einem langen Kleid aus blaugrüner Seide, einer dunkelgrünen Jacke mit Bortenbesatz, blauen Hosen und einer rot gesteppten Mütze. Der pummelige Alfred trug eine lavendelfarbene Jacke, scharlachrote Hosen, eine Schürze mit Tigergesicht in Rot, Weiß und Schwarz, bestickte Schuhe und eine fröhliche kleine Strickmütze. Alicia, die die ganze Familie in ihren weißen amerikanischen Rüschenkleidern am liebsten mochte, trug jetzt eine rosa Seidenjacke und eine entzückende kleine rosa-schwarze Mütze, die ihren Gesichtszügen eine orientalische Anmut verlieh. Ich trug meine neueste Shanghai-Kreation aus blasslila-schwarz gemustertem Satin. Gäste kamen und gingen unaufhörlich, und wir machten unsere Besuche im Dorf. Die Luft war erfüllt vom Duft von Gewürzen, Melasse, gebratenem Fleisch, Samenkuchen und Hirsebonbons und vom Klang von Knallkörpern, Gongs und fröhlichen Stimmen.

Doch dann war es endlich vorbei. Die Zeit der Abreise meines Mannes war gekommen.

Mit stiller Sachkenntnis begann Ah Ching zu packen. Drei Tage später war Chan-King abreisebereit. Er brachte mir die Haushaltsphrasen bei, die ich am meisten brauchte, um mich ohne seine Hilfe verständlich zu machen. Madame Liang entschied, dass ich während der Abwesenheit meines Mannes meine Position als erste Schwiegertochter übernehmen sollte. Ich hatte keine Befürchtungen hinsichtlich der winzigen, anspruchsvollen Pflichten, die mir als rechte Hand der Mutter meines Mannes zufallen würden, denn ich liebte sie, aber ich war mir meines Taktgefühls und meiner Geschicklichkeit nicht sicher, und der Gedanke an meine unmittelbare Zukunft war mir schmerzlich angespannt.

Nach der stündlichen Kameradschaft der letzten Monate war der Abschied von Chan-King wirklich schrecklich. Er ging in unsere Wohnung ein und aus, lief mit ruheloser Energie im Haus umher und arrangierte letzte Einzelheiten. Schließlich kam er und blieb neben mir stehen. „Sag jetzt auf Wiedersehen, Liebste", flüsterte er. „Danach – da draußen – werden wir keine Gelegenheit mehr haben." Er zog mich an sich und wir küssten uns mit tiefer Emotion, die Tränen in meinen Augen ließen sich nicht länger unterdrücken.

„Weine nicht", flehte er mit ungewohnter Emotion. „Weine nicht, sonst kann ich dich nicht verlassen!" Dann hielt er mein Gesicht hoch, trocknete meine Tränen mit seinem Taschentuch und sagte ernst: „Lächle mich an!" Und ich lächelte.

Wir gingen hinüber zum Zimmer seiner Mutter, und sie kam heraus, die Tränen auf ihren Wangen waren noch nicht versiegt. Zusammen mit dem

Rest der Familie begleiteten wir ihn zum Eingang und dann zum Tor, das offen stand und von der wartenden Sänfte fast versperrt war. Chan-King trug chinesische Kleidung, und als er dort – das Profil zu mir – inmitten der Gruppe der Bediensteten stand und seine letzten Anweisungen gab, wirkte er orientalischer, mehr in sein Land versunken, als ich mich erinnern konnte, ihn je gesehen zu haben.

Er verbeugte sich tief vor seiner Mutter, verabschiedete sich förmlich und nickte mir ernst zu. Dann setzte er sich, ohne sich noch einmal umzudrehen, auf den Stuhl, die Vorhänge wurden zugezogen und die Kulis trotteten den steilen Pfad hinunter, ein Stück weit gefolgt von den springenden schwarzen Hunden.

Nachdem die anderen gegangen waren, standen Mutter und ich zusammen und sahen zu, wie sein Stuhl den schmalen, gepflasterten Weg entlang rumpelte. Dann drehten wir uns um und sahen uns an – mit reumütigem Lächeln auf den Lippen und Tränen in den Augen. Wir schüttelten den Kopf. Ich legte eine Hand halb auf mein Herz und ließ sie dann wieder fallen. Ich glaube, für uns beide war die fehlende gemeinsame Sprache eine willkommene Ausrede zum Schweigen.

Madame Liang wandte sich dem Haus zu. Das Tor schloss sich hinter uns. Ich stützte sie mit meinem Arm, bis wir die Tür erreichten; dann ging ich einen Schritt hinter ihr her, als sie eintrat. Wortlos wartete ich, bis sie vor dem Altar niederkniete und der Weihrauch in Wolken vor den unerschütterlichen Bildern unter ihren Glaskästen aufstieg. Dann begleitete ich sie in ihre eigene Wohnung. Mein Leben als echte chinesische Schwiegertochter hatte begonnen.

IV
DIE EWIGEN HÜGEL

Als ich meiner chinesischen Mutter in ihre Wohnung folgte, musste ich an das wohlwollende Gekrächze meiner Freunde denken. Ihre Worte rasten durch mein Gedächtnis wie Kieselsteine, die in einem Eimer geschüttelt werden: „Mit einem chinesischen Ehemann kann sie nie glücklich werden!" Später hieß es: „In Amerika ist alles in Ordnung, aber warte, bis sie nach China geht." Als ich mich dort glücklich eingerichtet hatte, sagten sie: „Der Himmel helfe ihr", „wenn sie versucht, bei ihrer chinesischen Schwiegermutter zu leben!" In Shanghai hatten ausländische Freunde vorhergesagt: „Oh ja, sie ist in *deinem Haus reizend, aber warte, bis du versuchst, in ihrem* Haus zu leben !"

„Das ist der letzte Versuch, Margaret", sagte ich zu mir selbst. „Seien Sie vorsichtig! Entweder bringen Sie ein weiteres Argument gegen Mischehen vor, oder Sie klären die Frage für immer, soweit es Ihren Fall betrifft."

Mutter und ich gingen zusammen zum Abendessen, etwas später als gewöhnlich. Wir stürzten uns sehr tapfer mit gesenktem Blick auf unser Essen. Ich blickte unabsichtlich auf, und der Anblick von Tränen auf ihren Wangen rührte auch meine Tränen. Ich beugte mich vor, nahm ihre Hand und wir kämpften mit ein oder zwei Sätzen. „Keine Tränen!", sagte ich. „Hab Geduld!", antwortete sie.

Am nächsten Morgen, nachdem die *Amah* die kleine Alicia angezogen hatte, während das fröhliche Kind mir mit den Augen durchs Zimmer folgte und fröhliches Babygeplapper von sich gab, nahm ich sie hoch und ging früher als gewöhnlich zu Mutter. Ich fand sie aufrecht im Bett sitzend vor. Sie war für den Tag angezogen, und die Decken waren an die Seite der Wand gerollt, so dass sie eine bequeme Couch für sie bildete. Während ich an Chan-King dachte, betrachtete ich die Reihe kleiner Schränke, die sich hinten bis zur Hälfte des Baldachins erstreckten. Ich erinnerte mich daran, wie Chan-King mir von dem Jahr erzählt hatte, als er noch klein genug war, um unter diesen faszinierend geschnitzten Schränken zu stehen, in denen seine Mutter ihre Schmuckstücke und Toilettenartikel, bestickte Seide, Parfüms und den endlosen Krimskrams ihres ruhigen Lebens aufbewahrte, und von dem Stolz, den er empfand, als er sich eines Tages den Kopf stieß und feststellte, dass er sich bücken musste, um es bequem zu haben.

Wilfred war jetzt gerade groß genug, um bequem unter den Schränken zu stehen, doch auf mysteriöse Weise verwandelte sich das kleine Bild von ihm, das sich in diesem Moment meiner Fantasie präsentierte, in das des kleinen, weit entfernten Chan-King, den ich in meinem Kopf immer wieder neu entstehen ließ, wenn ich durch das Haus ging, in dem er seine schöne Jugend verbracht hatte.

Heute Morgen legte ich Alicia neben Madame Liang aufs Bett. Sie beugte sich über sie und verzog *das* rosige Gesicht. Ich war sehr erfreut, wenn Madame Liang Alicia gegenüber ungewöhnlich aufmerksam war, obwohl mein Gerechtigkeitssinn mich immer daran erinnerte, dass meine eigene schottische Mutter wahrscheinlich mehr aus den Jungen gemacht hätte. Aber unsere Alicia war die erste Tochter in zwei Generationen der Familie meines Mannes, und obwohl die Söhne für den Clan von unschätzbarem Wert waren, wurde sie geliebt und zärtlich umsorgt. Manchmal schien es mir, als ob der Haushalt sie mehr mochte als alle Jungen zusammen, einschließlich Madame Springtimes jungem Kya-Song, der den linken Flügel des Anwesens mit seinen Freudenschreien erfüllte, während er auf seinem wackeligen Bambusstuhl Reitpferd spielte. Ich erinnerte mich mit Belustigung an die westliche Vorstellung, dass Töchter in chinesischen Familien immer unwillkommen sind.

Während Madame Liang das Baby streichelte und schmeichelhaft mit ihm sprach, fragte ich es, was sie von mir wollte.

Sie deutete auf eine Schachtel mit Stereobildern auf ihrem Frisiertisch, die ich ihr brachte. Sie bildeten eine vollständige Geschichte, waren aber sehr durcheinander geraten. Da ich die ausländischen Titel lesen konnte, würde ich bitte die Bilder in die richtige Reihenfolge bringen? Die Leichtigkeit und Geschwindigkeit, mit der ich diese Aufgabe erledigte, brachte ihr sofort Anerkennung ein.

Dies war nur eine der unzähligen kleinen Dinge, die ich danach für sie tat. In meinem neuen Anwesen war ich viele Stunden des Tages für meine Mutter da. Ich ging bei schönem Wetter mit ihr im Garten spazieren, ich saß mit ihr zusammen und nähte, fädelte Nadeln ein wie für meine eigene Mutter und half ihr sogar, diese wunderbaren kleinen Schuhe zu machen, die sie so sorgfältig nach der Form ihrer Füße formte. Eines Tages erzählte ich ihr, wie erstaunt ich gewesen war, als ich zum ersten Mal von Chan-King erfuhr, dass chinesische Frauen die Schuhe der Familie herstellten, aber wie schnell ich verstand, als ich die zierlichen bestickten Schuhe sah, von denen er sprach, dass Schuhmacherei tatsächlich ein weibliches Handwerk war.

Sie und Madame Chau legten großen Wert darauf, sich die ausgefallensten Schuhe zu schneidern. Madame Chau hatte kleinere Schuhe, die kaum zweieinhalb Zoll lang waren, während die meiner Mutter doppelt so lang waren und eine andere Form hatten. Ich fand den Grund dafür heraus:

Madame Chau hielt hartnäckig am alten Stil fest; aber Mutter hatte nach und nach ihre Bänder gelockert und ihre Anordnung geändert, um mit den Veränderungen Schritt zu halten, die mit der Abschaffung des alten Brauchs einhergingen.

Ich interessierte mich sehr für den Brauch des Füßebindens. In Shanghai hatten alle Schülerinnen meiner Schule und (mit einigen bemerkenswerten Ausnahmen) die Frauen aus meinem gesellschaftlichen Umfeld natürliche Füße, und die meisten von ihnen trugen amerikanische Pumps und Oxfords oder englische Stiefel. Gebundene Füße schienen mir, obwohl ich sie häufig in der Öffentlichkeit sah, sehr fremd. Aber jetzt hatten, abgesehen von den Mädchen unter zwölf Jahren, die von der neuen Ordnung der Dinge profitiert hatten, alle Frauen, unter denen ich lebte, gebundene Füße. Wenn man sich daran erinnert, wie Amerika mit seinem eigenen großen Pöbel auf Kosten der Chinesen jeden Rangs und Standes scherzt, ist es vielleicht erwähnenswert, dass die gebundenen Füße, im Einklang mit der peniblen Sauberkeit der chinesischen Oberschicht, vorzüglich gepflegt und die schmalen, weißen, speziell gewebten Bandagen alle zwei oder drei Tage gewechselt wurden. Als ich die Frauen in den zierlichen Schuhen im Haushalt meiner Mutter beobachtete, wurde mir klar, dass ich beim Lesen der Literatur meines Wahllandes noch nie zuvor die Angemessenheit erkannt hatte, den Gang einer Frau mit gebundenen Füßen mit der Anmut von Bambus zu vergleichen, der sich im Wind wiegt. Niemals hätte ich geahnt, welchen Charme funkelnde Stickereien unter einem gesteppten, vielgeflochtenen Rock haben. Meine eigenen Füße, Nummer vier, nahmen erschreckende Ausmaße an. Ich schämte mich förmlich für sie. Eines Tages, als Mutter und ich zusammen in Sesseln saßen, zwischen uns ein Teetisch aus schwarzem Holz, stellte ich meine Füße auf eine Linie mit ihren und sagte seufzend: „Ah, sie sehen wirklich sehr schlimm aus!" Sie winkte abwehrend ab. „Macht nichts", sagte sie höflich und wahrheitsgetreu, „sie sehen vielleicht nicht so gut aus, aber sie laufen auf jeden Fall besser."

Natürlich war ich froh, dass die kleine Alicia dem jungen China gehörte und keine goldenen Lilien mit einem Fass voller Tränen kaufen würde, wie ich oft gelesen hatte, dass jede Frau mit gebundenen Füßen das tun muss. Aber jetzt kam ich zu dem Schluss, dass das Fass in den Mädchenjahren gefüllt worden sein musste. Denn die Frauen um mich herum schienen keine Schmerzen zu haben – nur ein gelegentliches Taubheitsgefühl, das durch eine kräftige Massage vom Knie bis zum Knöchel durch die Hände eines Dienstmädchens gelindert wurde. Ich war überrascht über die Leichtigkeit und Energie, mit der sie sich fortbewegten und beim Anhalten nur mit kleinen Vorwärts- und Rückwärtsschritten das Gleichgewicht hielten – es sei denn, sie hatten den Arm einer Dienerin oder einen Stock zur Unterstützung.

Ich fand, dass unsere Mutter uns in ihrer Anmut und Würde unendlich überlegen war. Madame Springtime, die auf Geheiß ihres Mannes ihre Füße etwas vergrößert hatte, bewegte sich langsam und mit einem Mangel an Anmut, der für die jüngere Generation charakteristisch ist. Madame Chang bewegte sich schwerfällig und mühsam. Madame Chau eilte mit schnellen, flatternden Schritten. Gelegentlich lief sie sogar mit Alfred, unserem fröhlichen zweiten Sohn, der jetzt zweieinhalb Jahre alt war, um die Wette. Sie nahm seine Hand, beugte sich vor und trieb ihn durch die Halle, während beide fröhlich lachten. Ab und zu faltete ich meine Hände, balancierte auf meinen Fersen und versuchte einen „Weidengang", zur großen Belustigung von Mutter und Madame Chau.

Nach der Abreise meines Mannes verlief mein Leben im Haus meiner chinesischen Mutter sehr ruhig. Sein Vater war zu seinem halbjährlichen Besuch nicht nach Hause gekommen, und der zweite Sohn war wieder weg. Sogar der ruhige dritte Sohn, der genauso aussah wie seine Mutter und mir jeden Tag Rosen aus dem Garten brachte, war zum Inselhafen gesegelt, um seinen Platz im Familienbetrieb einzunehmen. Wir standen unter einem wohlwollenden Matriarchat in dem gemütlichen Anwesen zwischen den braunen Hügeln, die jetzt im Frühling grüner wurden.

Madame Liang war unfehlbar großzügig und freundlich. Ich habe sie nie scharf sprechen hören, außer gelegentlich zu Bediensteten, die durch ihre Nachlässigkeit etwas schief laufen ließen und den reibungslosen Ablauf des täglichen Familienlebens behinderten. Ich beobachtete sie immer mit Interesse, wenn sie vom Thron ihres großen Bettes aus die Haushaltsangelegenheiten leitete. Sie gab ihre Befehle selten direkt weiter, sondern rief einen Verwandten oder einen höheren Bediensteten herbei, der sie entgegennahm und an diejenigen weitergab, für die sie bestimmt waren. Dies verlieh ihren Befehlen eine kaiserliche Endgültigkeit und Wichtigkeit. Die Bediensteten waren ihr vollkommen ergeben.

Sie war sehr stolz, mich durch das komplizierte Gebäude zu führen, in dem Generationen von Liangs gelebt und gestorben waren. Hinter dem Hauptgebäude erstreckten sich eine Reihe kleinerer Gebäude, jedes mit eigenem Innenhof, in der Haupthalle befand sich der Familienaltar, die privaten Gemächer öffneten sich zu beiden Seiten. Ähnliche Ketten von „Häusern im Haus" erstreckten sich im rechten Winkel zu dieser zentralen Kette nach Osten und Westen. Mutter zeigte mir die Räume, die sie als Braut bewohnt hatte, darunter das Zimmer, in dem Chan-King geboren wurde, als die ältere Madame Liang die Angelegenheiten mit fester, aber freundlicher Hand regierte. All dies berührte mich zutiefst und ich fühlte mich mehr denn je als Teil der Familie.

Ich weiß, dass ich in meinem Bemühen, die Toleranz, den Fleiß und die Höflichkeit zu praktizieren, die diese Familie auszeichneten, viele kleine Fehler machte, aber Mutter war, anders als viele der überempfindlichen, leicht beleidigten Chinesinnen ihrer Klasse, himmlisch geduldig. Sie verlangte nie etwas von mir, was sie für mich als unpassend erachtete, und sie zeigte bei allen kleinen Aufgaben, die sie mir zuwies, ein kluges Urteilsvermögen. Manchmal begleitete ich sie zum Tempel oder zu den Gräbern der Vorfahren, aber nur als Zuschauer. Ihre religiöse Toleranz erforderte keine Kompromisse. Sie wollte, dass ich sah, wo Großeltern und Urgroßeltern ihre letzte Ruhe fanden. Sie wusste, dass ich interessiert und voller Respekt war. Madame Springtime fiel die Aufgabe zu, sich um den Familienaltar zu kümmern und die täglichen Andachten vor dem heiligen Schrein aufrechtzuerhalten.

Diese junge Frau war in jeder Hinsicht so typisch für eine altmodische Chinesin, ausgebildet, aber nicht gebildet, diszipliniert, aber nicht gebrochen, dass sie für mich eine ständige Quelle des Interesses war. Sie war von Natur aus schüchtern und schweigsam, aber nach einer Weile unterhielten wir uns ein wenig, und eines Tages zeigte sie mir ihre Brautkisten aus weißem Lack mit roten und goldenen Verzierungen, bis oben hin gefüllt mit ihrem Brautschmuck, der sorgfältig gefaltet war, und den Kleidern für ihr erstes Kind, die ihre Eltern als Teil ihrer Hochzeitskleidung mitgebracht hatten.

Dieser letzte Brauch aus Chan-Kings Heimatprovinz gefiel mir. Er war typisch für die vielen Schlichtheiten, die ich bei meinem Wahlvolk fand. Diese kleinen, leuchtend bunten Gewänder aus wattierter Seide, Brokat und Leinen waren Symbole der Hoffnung, gute Vorzeichen für Glück und eine fruchtbare Ehe. Obwohl ich an falsche puritanische Ideale in Bezug auf die wichtigen Realitäten des Lebens – Ehe und Geburt – gewöhnt war, war ihre offene Haltung gegenüber den Grundlagen, ihre bedingungslose Akzeptanz der Tatsachen des Daseins eine angenehme Überraschung für mich.

Mir gefiel auch der merkwürdige Kontrast zwischen ihrer einfachen Sicht auf elementare Dinge und der Förmlichkeit und Strenge ihrer persönlichen Etikette. Es ist die Art einer alten und stets kultivierten Rasse, die schon lange aufgehört hat, an den Grundlagen zu bauen und sich nun mit den Dekorationen des Lebens beschäftigt.

Ihr Alltagsmodell basiert auf der festen Überzeugung, dass das Familienleben die normale Form menschlicher Existenz ist. Zu diesem Zweck muss es um jeden Preis erhalten bleiben. Das Leben kann sich nicht in Zwietracht entwickeln. Wenn die Annehmlichkeiten überhaupt etwas wert sind, dann sind sie es wert, ständig und unter allen persönlichen Opfern erhalten zu werden.

Das Leben hinter dem Torbogen war so angenehm und so erfüllt von kleinen, alltäglichen Beschäftigungen, dass ich kaum daran dachte, herumzugehen. Das Dorf hatte kein Theater. An Festtagen gaben reisende Truppen Vorstellungen auf provisorischen Bühnen, in Tempeln oder Privathäusern. Aber gelegentlich besuchten wir das Theater in der nahen Großstadt, und wenn wir Gäste hatten, die mehrere Tage bei uns blieben, begleiteten sie uns manchmal. Ich stelle mir vor, wir waren ein ziemlich eindrucksvoller Anblick, wie wir in einem halben Dutzend Sänften in flottem Trab in der Abenddämmerung den unregelmäßigen Pfad entlang getragen wurden, voran und hinter uns von Dienern mit Laternen.

Die Kinder führten ein behütetes, glückliches Leben, und Dienstboten und junge Verwandte unterhielten sie drinnen oder draußen, je nach Wetter. Ihre nachsichtige Großmutter versorgte sie großzügig mit Taschengeld in Form von Handvoll Kupfermünzen statt der Geldbündel, die einer früheren Generation genügten. Von vorbeikommenden Händlern kauften sie Pfeil und Bogen aus bunt bemaltem Bambus, pfeifende Vögel und Theaterfiguren aus farbigem Steingut, aufgeblasene Gummispielzeuge und eine endlose Vielfalt an Reismehlkuchen, Sesamkonfekt, Erdnuss-Toffee und Hirsebonbons. An Festtagen war die Auswahl größer denn je, mit flauschigen Bündeln aus Zuckerwolle (fein gesponnenem Sirup) und spröden Bonbonspielzeugen, die mit aller Kunst des Glasbläsers aus geschmolzenem Toffee geblasen wurden, in Form von Laternen, Vögeln und Fischen, die auf schlanken Stäben befestigt waren. Zu bestimmten Jahreszeiten gab es riesige Fische aus Bambusgerüsten, die mit Papier überzogen und realistisch bemalt waren und mit träger Anmut in der Brise schwammen. Oder ähnlich gestaltete Drachen, die Vögel und Drachen darstellten und in faszinierenden Flügen emporstiegen.

In dieser Stadt gab es eine kleine ausländische Siedlung, und mehrere amerikanische und britische Frauen kamen, um mich zu besuchen. Einige von ihnen waren ehrlich neugierig und wollten wissen, wie ich die „Tortur der Familie" überstanden hatte, wie eine von ihnen es ausdrückte, obwohl sie natürlich sehr taktvoll reagierten.

Mutter interessierte sich sehr für diese Besucher, von denen ich ihr viele vorstellte, sofern sie Chinesisch konnten. Wenn sie gingen, stellte sie ihr oft Fragen nach ihrer Nationalität, dem Beruf ihres Mannes und der Zahl ihrer Kinder. Was diese Frage anging, gestanden die meisten ein Kind oder, gelegentlich, zwei zu. Aber ich werde nie den Besuch einer auffallend gutaussehenden Frau mit rotbraunem Haar und das Gespräch vergessen, das nach ihrer Abreise geführt wurde. Auf die übliche Frage antwortete ich: „Überhaupt keine Kinder! Aber sie hat fünf *Hunde* und hat gerade in Shanghai zwei weitere gekauft, die mit dem nächsten Dampfer kommen."

„Überhaupt keine Kinder und fünf – *sieben Hunde* !", sagte Mutter entsetzt. Und dann brachen wir in Gelächter aus. Aber sie wurde schnell ernst. „Ausländische Frauen kümmern sich nicht um Kinder", sagte sie.

„Das tue ich", protestierte ich. „Ich mag viele Kinder."

„Du", sagte meine Mutter lächelnd, „bist eine chinesische Ehefrau."

Doch glücklicherweise war meine nächste Besucherin eine Amerikanerin mit einem netten Gesicht, die stolze Mutter von sechs Kindern, von denen sie zwei mitgebracht hatte. So war unser nationaler Ruf gerettet.

In diesen Tagen dachte ich viel über Mischehen als Problem nach. Als wir in Shanghai waren, sagte ein zurückgekehrter Student, der mehrere Tage bei uns blieb, später zu Chan-King: „Ich hätte während meines Studiums beinahe ein amerikanisches Mädchen geheiratet. Ich wünschte, ich wäre mutig genug gewesen, es zu tun." Damals tat mir das unbekannte Mädchen sehr leid, das all das Glück verpasst hatte, das mir zuteil werden sollte, und jetzt war ich mir der wahren Qualität meines Glücks sicherer denn je. Daran bestand überhaupt kein Zweifel. Aber ich erkannte die vielen, vielen Möglichkeiten, wie alles hätte verdorben werden können. Wäre mein Mann weniger rücksichtsvoll, weniger aufrichtig und treu gewesen, wäre seine Familie weniger freundlich und aufgeschlossen gewesen, wäre ich selbst launisch und eigensinnig gewesen oder nicht in der Lage, mich an die Umgebung anzupassen, hätte ich jeden Tag in die Tiefen des Elends geraten können. Ich kam zu dem Schluss, dass es keine Regeln für Mischehen geben konnte. Es war ein individuelles Problem, wie es in der Tat bei jeder Ehe der Fall sein muss. Als mir also ein junges Mädchen von zu Hause um Rat schrieb, weil sie glaubte, in einen chinesischen Klassenkameraden verliebt zu sein, und schlussfolgerte: „Sie, Frau Liang, müssen die Frage für mich klären", antwortete ich, was ich ein Jahr zuvor nicht hätte tun sollen: „Das ist eine Frage, die nur Sie beide zu klären vermögen. Niemand kann Ihnen einen sicheren Rat geben, denn ein Fehler in die eine oder andere Richtung kann zu lebenslangem Unglück führen. Aber ich wage zu behaupten, dass Liebe, die stark genug ist, um die Prüfung einer Mischehe zu bestehen, keinen Rat sucht. Sie ist sich ihrer selbst sicher."

In einem Haushalt, in dem nur mein ältester Sohn und ich Englisch sprachen, waren meine sprachlichen Probleme unerwartet gering. Chan-King hatte mir eine Liste mit Alltagsphrasen hinterlassen, und mein Gehör wurde immer feiner, weil ich mich ständig bemühte, die schnelle Sprache zu verstehen, die den ganzen Tag um mich herum vor sich ging. Nach kurzer Zeit konnte ich praktisch alles verstehen, was man mir sagte.

Während der langen Gespräche, die Mutter und ich in der Stille des Abends führten, sprachen wir viel über Chan-King, und sie zeigte mir wertvolle

Relikte aus seiner Kindheit: eine kleine Jacke aus tiefrotem Samt, eine abgenutzte Mütze, ein silbernes Spielzeug und das gleiche Schulbuch, in dem er mit dem Englischunterricht begann. Ich liebte sie alle, und sie liebte sie umso mehr, weil sie sie so schätzte, und war überglücklich, als ich ein Foto von Chan-King in einem früheren Alter bekam als alle anderen, die er besaß. Sie war auch sehr an all unseren Fotos interessiert. Sie amüsierte sich riesig über Chan-King in seinen Aufführungen am College, und als ich Bilder von mir in jedem Alter, von meinen Eltern und Großeltern hervorholte, spürte sie mit untrüglicher Wahrnehmung Familienähnlichkeiten auf. Manchmal sahen wir uns Zeitschriften an, die Chan-King uns aus der Hauptstadt schickte, oder sprachen über verschiedene ausländische Bräuche. Ich fand es bald sehr einfach, mit ihr zu reden, und mit ihrer Hilfe lernte ich auch, einfache chinesische Schriftzeichen zu lesen und zu schreiben, denn ein sehr liberal gesinnter Vater hatte ihr Bildungsvorteile verschafft, die nur wenige Mädchen ihrer Generation genießen.

Wenn die Zeiger ihrer kleinen Ebenholzuhr auf zwölf zeigten, berührte sie sanft meine Hand und sagte: „Zeit für dich zu schlafen.“

„Aber zuerst muss ich Chan-King schreiben“, antwortete ich.

Sie drohte mir mit freundlicher Vorsicht mit dem Finger. „Es ist zu spät“, antwortete sie. „Du musst schlafen.“

Ich bleibe bei diesem Punkt. „Aber, meine Mutter, wenn ich Chan-King nicht schreibe, kann ich nicht schlafen!“

Sie stimmte dann zu, und am nächsten Tag brachte ich ihr die Seiten, um sie zu zeigen, denn meine Briefe an Chan-King und seine umfangreichen Antworten waren für sie eine Quelle großer Unterhaltung. Ich übersetzte ihr diese Briefe so getreu, wie es meine begrenzten Chinesischkenntnisse erlaubten, und fügte meinen Briefen immer von ihr diktierte Nachrichten hinzu.

Ich lernte die romanisierte Schreibweise des Chinesischen, die für unseren Dialekt bemerkenswert weit entwickelt und standardisiert ist. Mutter war sehr interessiert, als ich ihr zeigte, wie man bekannte Wörter mit ausländischen Buchstaben schreibt, und Chan-King antwortete immer in gleicher Weise auf diese Nachrichten, obwohl seine Mutter und er einen regelmäßigen Briefwechsel in chinesischen Schriftzeichen führten.

„Diese Kinder schreiben einander lange Briefe, jeweils fünfzehn und zwanzig Seiten lang“, erzählte sie ihren Freunden oft mit sichtlicher Freude.

Außer dieser persönlichen Gesellschaft meiner Mutter, die ich sehr genoss, wurde mir in keiner Weise Zwang auferlegt. Ich konnte alleine ausgehen, Anrufe beantworten und in der Stadt einkaufen.

Mein eigenes Gefühl der Anständigkeit veranlasste mich, mich immer an der Wohnungstür meiner Mutter einzufinden, bevor ich das Haus verließ, ihr den Grund meines Auftrags zu erklären und sie um ihre Zustimmung zu bitten. Sie akzeptierte die kleine Formalität als die Höflichkeit, die sie war, und erhob kein einziges Mal Einwände. Sie war an diesen Respekt gewöhnt, und ich sah keinen Grund, ihn ihr vorzuenthalten. Alle Einladungen, die ich von Bekannten erhielt, seien sie nun Ausländer oder Chinesen, lehnte ich ab oder nahm sie an, wie sie es mir riet, denn ich verließ mich auf ihre unfehlbare Kenntnis der Menschen und gesellschaftlichen Gebräuche.

Zweimal während dieser Monate von Chan-Kings Abwesenheit kam ihr der Tod nahe. Einmal war es ein kluger Junge, ein einziger Sohn, in den große Hoffnungen gesetzt worden waren; und dann das junge Mädchen, das Mutter nach Shanghai begleitet hatte. Sie war keine Dienerin im üblichen Sinne, sondern eine verwaiste entfernte Verwandte von Mutter. Madame Liang war immer freundlich und großzügig zu ihr, und als ihr bald nach ihrer Rückkehr von der Reise nach Shanghai, die ein großes Ereignis in ihrem ruhigen Leben gewesen war, ein vielversprechender Heiratsantrag gemacht wurde, wurde sie mit einem kompletten Brautkleid in ihr neues Zuhause geschickt. Als sie schließlich von unserer Anwesenheit im Haus der Familie hörte, zog sie ihr blassgrünes Hochzeitskleid an und kam, um mich zu besuchen. Ihre offensichtliche Freude über das Treffen berührte mich zutiefst. Mit strahlender Begeisterung erzählte sie mir von ihrem Mann, ihrer freundlichen Schwiegermutter. Mit Stolz beschrieb sie ihren kleinen Sohn. Nach einer fröhlichen Stunde mit den Kindern ging sie und versprach, wiederzukommen. Aber ich sah sie danach nie wieder. Der Tod riss sie abrupt aus ihrem Glück.

Ich begann, den Tod als etwas gar nicht so Entferntes zu betrachten. Mehrmals unternahm eine Gruppe von uns – Kinder, Cousins, Freunde und Bedienstete – kurze Ausflüge in die Berge. Der Anblick tausender Gräber, deren Steine an manchen Stellen kilometerweit die Berghänge weiß färbten, ließ mich immer deutlicher erkennen, wie kurz das Leben doch ist.

Über viele dieser Hügel verstreut finden sich eigentümliche Steindenkmäler, sogenannte „Witwenbögen". Jeder von ihnen steht allein, normalerweise am Straßenrand, zum Gedenken an eine treue Ehefrau, die sich in alten Zeiten nach dem Tod ihres Mannes umbrachte. Eine Witwe, die dieses Opfer bringen wollte, verkündete nach kurzer Zeit ihre Absicht, Selbstmord zu begehen. Die Mitglieder ihrer Familie errichteten eine hohe Bühne für sie und luden Verwandte und Freunde ein, der Zeremonie beizuwohnen. Zur gewählten Stunde erhängte sich die Frau und später wurde ein hoher Steinbogen als Denkmal ihrer Hingabe und ihres Heldentums errichtet.

In der chinesischen Familie wird der Witwe, die nicht wieder heiratet, Ehre und Verehrung zuteil, die nur von der Schwiegermutter übertroffen wird. Mit zunehmendem Alter erlangt sie mehr Autorität. Es ist ihr nicht verboten, wieder zu heiraten, aber die Bedingungen für eine zweite Ehe sind so schwierig, dass sie jeden, außer den Unerschrockensten, entmutigen. Die Kinder ihres ersten Mannes bleiben im Haus seiner Familie, und die Familie ihres zweiten Mannes heißt sie nicht besonders herzlich willkommen.

In solchen Dingen bevorzugt man natürlich den freien Willen. Dennoch hatte ich eine tiefe Sympathie für die Idee der lebenslangen Witwenschaft, lange bevor ich davon träumte, dass dies mein Schicksal sein würde. Obwohl der Anblick der „Witwenbögen" für mich zunächst schmerzhaft war, erschien mir die chinesische Sichtweise auf sie aufgrund meiner Überzeugungen nicht unnatürlich, obwohl ich wusste, dass dieser Brauch etwa zwei Jahrhunderte zuvor durch ein kaiserliches Edikt verboten worden war.

Selbst in den Tagen, als Chan-King und ich glaubten, unsere Liebe würde uns irgendwie irdische Unsterblichkeit verleihen, war die Vorstellung in mir stark, dass der Tod für diejenigen, die wahrhaft liebten, die Fackel nur für einen Moment auslöschen konnte, um sie dann in der helleren Flamme der Ewigkeit wieder anzuzünden. Damals hegte ich diesen Gedanken im Hinterkopf. Heute lebe ich danach.

Auch aus diesem Grund fand ich die Haltung der Chinesen gegenüber den Toten immer sehr tröstlich. Sie lassen ihre Lieben keinen Augenblick los. Der Todestag ist ein ebenso festlicher Anlass wie der Geburtstag. Das Spektakel des Lebens schreitet ohne Unterbrechung voran, von der Geburt zum Tod und darüber hinaus und wieder zur Geburt, die Generationen berühren sich endlos mystisch an den Händen, bis der Einzelne sich als Teil einer endlosen Prozession fühlt, die für einen Augenblick in ein weißes Licht übergeht und wieder hinaus, und sich fühlt, als würde er diejenigen berühren, die vor ihm kamen und diejenigen, die nach ihm kommen – als Teil einer langen Linie, die unwiderruflich miteinander verbunden ist.

Trotz ihrer Ethik der persönlichen Aufopferung und ihrer Beschäftigung mit der Vorstellung der Ewigkeit empfinden die Chinesen keine asketische Verachtung für die materielle Welt und wünschen und streben ernsthaft nach einem langen Leben. Unter den verschiedenen Symbolen und Schriftzeichen, die verwendet werden, um gute Wünsche auszudrücken – wie Gesundheit, Ehre, Reichtum –, stehen jene für „langes Leben" an erster Stelle. Sie werden in Ringe, Armbänder und Haarschmuck eingearbeitet und in Brautkleider und auf kleine Mäntel und Mützen von Kindern genäht. Ich habe diesen enormen Respekt vor dem Leben immer in all ihren täglichen Bräuchen gespürt – beim Herrichten der Babykleidung, wenn die Braut das Haus ihres Vaters verließ, beim Aufziehen und Stärken des Clans mit vielen Kindern, bei der ehrfürchtigen Beachtung der Gräber der Vorfahren, denen die Lebenden ihre Gnade der Existenz verdanken.

Bei mehreren Gelegenheiten begleitete ich meine Mutter bei ihren Besuchen der Ahnengräber. Ich erinnere mich noch an das letzte Mal, nur wenige Tage vor Chan-Kings Rückkehr, als ich mit ihr ging. Ich hielt eine ihrer Hände, während sie mit der anderen ihren Stock mit dem goldenen Knauf hielt. Sie trug ein leichtes Kostüm – einen geflochtenen schwarzen Rock, einen lavendelfarbenen „Mantel" und schöne schwarze Ziegenschuhe. Diener folgten ihr mit Körben voller Opfergaben.

Wir standen in respektvollem Abstand und schweigend, während sie ihre Zeremonie durchführte. Überall lagen mit kleinen Steinen beschwerte Papiere herum. Sie kniete nieder, faltete die Hände und sprach leise und andächtig ihre Gebete. Dann verbrannte sie, von einem Diener unterstützt, die Papiersymbole der Erfrischung und Stärkung für die Toten. Feuerwerkskörper wurden gezündet, um die Luft von bösen Geistern zu reinigen, und die Zeremonie war vorbei.

Als wir ins Dorf zurückkehrten, riefen die Leute von überall her von ihren Türen aus nach ihr und sie antwortete stets freundlich und zuvorkommend. In den Außenbezirken machten wir Halt, um uns auszuruhen und das Haus eines Cousins zu besuchen. Als wir gingen, begleiteten uns viele Verwandte und Freunde ein Stück weit und riefen wiederholt „Auf Wiedersehen!" und „Komm wieder, komm bald wieder!". Ich sah das Sonnenlicht auf dem Tiger Mountain und roch das Salzige des Meeres. Als wir um die großen Felsblöcke herumgingen, die sie vor unseren Augen verbargen, drang die modulierte Kadenz ihres „Komm wieder, komm bald wieder!" zu uns herüber. Es war das letzte Mal, dass ich es so hörte, wie ich damals war, und ich hätte nicht einmal im Traum daran gedacht, dass es so war.

Einen Monat lang hatte ich die Ankunft von Chan-King erwartet. Seine Briefe waren immer Liebesbriefe, mit zusätzlichen Absätzen, in denen stand, dass er mit seiner Arbeit gut vorankäme und mir viel darüber zu erzählen hätte, wenn er nach Hause käme. Schließlich teilte uns ein Brief mit, dass wir ihn an einem bestimmten Tag mit einem bestimmten Dampfer erwarten sollten. Aber die Fahrpläne waren wegen des Krieges immer noch durcheinander. Der Dampfer hatte Verspätung, und Chan-King segelte zu einem anderen Hafen, um dort umzusteigen. Weitere Verspätungen folgten. Weitere erklärende Briefe. Wieder weitere Verspätungen. Mutter und ich wurden beide krank vor lauter Hoffnung, die sich nicht erfüllen ließ. Schließlich schlief ich eines Morgens, erschöpft vom Wachen, länger als gewöhnlich, und an diesem Morgen kam Chan-King nach Hause.

Als ich aus einem langen Schlummer erwachte, hörte ich eine Bewegung in dem stillen Haus, das Läuten eines Gongs, das Getrappel gedämpfter Schritte in der Vorhalle. Fröhliche Stimmen mischten sich in die Begrüßung an der Tür der Wohnung meiner Mutter. Ich warf mir meinen Bademantel über, klemmte Alicia unter den Arm und rannte durchs Zimmer. Ich riss die Tür auf, als Chan-King gerade die Hand hob, um an die Tür zu klopfen. Ich sah ihn schwach im flackernden Licht. Er lächelte, und hinter ihm stand seine Mutter, die ebenfalls lächelte. Jeder von uns sprach feierlich den Namen des anderen aus und versuchte mit einem langen Blick die Erinnerung an all die Monate der Abwesenheit auszulöschen. Dann sah er das Baby. „Li-Sia, meine tausend goldenen Katzen!", sagte er auf Chinesisch. Alicia lächelte und streckte ihm die Arme entgegen. „Sie erkennt ihn!", sagte Mutter erfreut überrascht. Wir drei standen einen Moment lang schweigend zusammen, um das Kind versammelt. Ich fühlte mich noch tiefer in den Clan aufgenommen – eine Chinesin, die sich mit ganzem Herzen und ganzer Seele ihrem Wahlvolk widmete.

Später erklärte mir Chan-King den Grund für seine Heimkehr. Sein juristischer Dienst für die Regierung war beendet und seine erwartete Ernennung war endlich erfolgt. Wir sollten nach Amerika zurückkehren, wo er im chinesischen Konsulardienst arbeiten würde. Nach einer Zeit in dieser Arbeit schien ihm eine glänzende Zukunft im diplomatischen Bereich sicher. Es bedeutete, mein geliebtes China zu verlassen, in dem ich fest verwurzelt war. Aber wir waren uns einig, dass das Exil nur ein paar Jahre dauern würde und dass wir sicher in unser Gelobtes Land zurückkehren würden, um dort unsere Zeit des „langen Lebens in Ehre" zu genießen.

Jetzt war unser gemächliches Leben ein wenig unterbrochen. Fast sofort begannen wir mit den Vorbereitungen für unser neues Leben in Amerika. Chan-King sah der Veränderung mit großem Interesse entgegen, fast so, als würde er nach Hause gehen. Meine unmittelbare Reaktion war Freude, der rasch Trauer folgte, weil ich Dinge aufgeben musste, die mir jetzt lieb und vertraut waren. Ich wollte fröhlich erscheinen, als wäre es meine Pflicht gegenüber den Menschen um mich herum. Ich wollte nicht zu fröhlich erscheinen, damit meine Mutter nicht dachte, ich sei froh, gehen zu können.

In dieser Zeit lernte ich endlich meinen chinesischen Vater kennen. An einem schönen Tag im Frühherbst gingen Chan-King und ich in die Stadt und kehrten am Nachmittag zurück. Als unsere Stühle vor dem Eingang abgestellt wurden, verkündete der Pförtner Chan-King die Ankunft seines Vaters. Ich war sofort voller Besorgnis. Wieder hatte der Zufall über mein Kostüm entschieden: Ich trug nicht die konservative chinesische Kleidung, in der ich meine Mutter kennengelernt hatte, sondern ein amerikanisches Rüschenkleid aus blau-weißer Sommerseide, einen weißen Spitzenhut mit schwarzem Samt und rosa Rosenknospen und weiße Ziegenschuhe. Chan-

King trug weiße Flanellhosen und einen Panamahut. Letzteren reichte er einem Diener, ebenso wie seinen Gehstock. Als wir zusammen den Hauptraum betraten, erhob sich eine Gestalt neben Mutter, um uns zu empfangen. Ich sah einen älteren Mann mittlerer Größe mit grimmigem, glattrasiertem Gesicht und grauem Haar. Er trug ein langes Gewand aus tiefblauer Seide, mit einer schwarzen Außenjacke und der üblichen runden Kappe aus schwarzem Satin. Mein Mann begrüßte ihn zuerst und stellte mich dann vor. Während ich unsicher dastand, neigte sich das graue Haupt höflich, die Grimmigkeit des Gesichtsausdrucks löste sich in einem wunderbar gewinnenden Lächeln auf, und überraschenderweise streckte mein chinesischer Vater, genau wie Mutter, seine Hand aus. Ich hatte das Gefühl, dass er mich im Lichte all dessen interpretierte, was sie ihm erzählt hatte, dass sein herzlicher Händedruck und seine freundlichen Willkommensworte seine Bestätigung ihres Urteils waren. Dann wies er mich mit einer höflichen Geste auf seinen Stuhl neben Mutter, während er und Chan-King uns gegenüber Platz nahmen. Mutter lächelte mir mit ihrem glücklichsten Ausdruck in die Augen. Ich hatte das Gefühl, dass Chan-Kings Hintergrund vollständig war. Lange zuvor hatte ich ihn als hart und bedrohlich empfunden, aber jetzt hatte ich bewiesen, dass er durch und durch freundlich und beschützend war. Über meine neuerliche Angst vor dieser letzten Prüfung wunderte ich mich und lächelte.

Vater war sehr erfreut, als er feststellte, dass seine Enkel sich fließend in seiner Muttersprache unterhalten konnten. Er versammelte sie alle eine Stunde lang um sich, stellte Fragen, um ihr praktisches Wissen zu testen, oder erzählte Geschichten, um sie zu unterhalten. Auch Alicia entzückte ihn. Auf einfache chinesische Befehle faltete sie jetzt die Hände oder verbeugte sich tief. Mutter war sehr stolz auf ihre kleine Enkelin und sagte oft: „Sie ist genauso wie Chan-King in ihrem Alter!" Und ihr Mann stimmte ihr immer mit einem nachsichtigen Lächeln zu. Zwischen diesen beiden – obwohl sie konservative Typen waren – bestand ein Beweis gegenseitiger Zuneigung und Respekts, echter Kameradschaft, der mich zutiefst berührte. Ich war froh, dass Vater bei Mutter sein konnte, als Chan-King und ich uns und unsere drei Kinder aus dem Haus holten, in das wir nach alter chinesischer Sitte alle rechtmäßig gehörten.

Die Frage, ob wir eines oder mehrere unserer Kinder für eine Weile dort lassen sollten, wurde einen Nachmittag später besprochen.

„Unter normalen Umständen", sagte Vater zu Chan-King, „würden Sie allein gehen, wie Ihr Bruder, und Ihre ganze Familie bei uns zurücklassen. Zumindest würden Sie einem Kind erlauben, an Ihrer Stelle zu bleiben. Aber natürlich verstehen Ihre Mutter und ich, dass dies keine normalen Umstände sind. Ihre Frau ist Amerikanerin. Sie hat unseren Standpunkt in vielerlei Hinsicht berücksichtigt – mehr als wir erwartet hatten – und in dieser

Angelegenheit berücksichtigen wir auch ihren, der zweifellos auch Ihrer ist. Wir verstehen, dass nach amerikanischer Auffassung die Kinder immer zu ihren Eltern gehören. Wir können Ihnen natürlich Ihr Recht auf diese Lebensweise nicht absprechen. Aber wir möchten, dass Sie wissen, dass wir sehr glücklich sein werden, wenn Sie auch nur ein Kind bei uns lassen können. Sie wissen, welchen Schutz und welche Fürsorge wir ihm zuteil werden lassen."

Einen Moment lang herrschte Stille. Mein Herz war sehr voll, und selbst wenn ich hätte sprechen können, hätte ich es nicht tun können. In Gedanken malte ich mir Mutters Einsamkeit aus, die so viele ihrer Kinder verloren hatte. Vergeblich versuchte ich mir unser Zuhause in Amerika vorzustellen, in dem auch nur ein kleines Gesicht fehlte. Ich beobachtete meinen Mann, bemerkte die winzigen Spuren von Konflikt in seinem Gesicht, das vielleicht auf den flüchtigen Blick nicht reagierte. Schließlich sprach er.

„Vater, Mutter", begann er ernst, „wir wissen Ihre große Freundlichkeit und Großzügigkeit wirklich zu schätzen. Sie werden das verstehen, so wie Sie unsere Situation am besten verstehen. Wir wissen, dass unsere Kinder hier bei Ihnen viele Vorteile hätten, die wir ihnen vielleicht nicht bieten können. Aber wen könnten wir zurücklassen, damit er diese Vorteile genießen kann? Nicht Wilfred, denn er ist unser ältester Sohn, auf den wir uns stark verlassen. Und Alfred – von uns allen scheint er am wenigsten für das südliche Klima geeignet zu sein. Die Sommerhitze hat ihn ein wenig blass und lustlos gemacht. Er braucht die Seereise. Und was Alicia betrifft, sie ist das Baby und unsere einzige Tochter. Denken Sie nicht, dass wir uns nicht an alles erinnern, was Sie getan haben. Aber ich fürchte, wir würden nicht wissen, wie wir unser Zuhause ohne unsere Kinder gestalten sollen."

Schließlich kam es offenbar nicht unerwartet. Sie schüttelten leicht reumütig den Kopf und lächelten dann.

„Sehr gut", stimmte Vater zu. „Aber das müsst ihr versprechen: dass ihr in Abständen, wenn es eure Arbeit erlaubt, zurückkommt – alle zusammen – und wieder ein Jahr bei uns verbringt. Lasst die Kinder weder uns noch ihre chinesische Sprache vergessen. In höchstens vier Jahren kommen alle zusammen zurück."

Wir versprachen es bereitwillig, und Mutter und ich wiederholten immer wieder den Satz: „In vier Jahren kommen wir alle wieder zusammen." Unsere Augen waren voller Tränen.

An diesem Abend sagte ich zu meinem Mann: „Wir hätten einen von ihnen zurücklassen sollen."

Aber Chan-King war in diesem Moment ein klarerer Denker und kannte die Wahrheit dieser Situation besser als ich. „Welche?", fragte er mich bedeutungsvoll in einem Ton, der mir die grundlegende Hohlheit meines Protests klar machte.

Am Sonntag vor der Abfahrt unseres Schiffes verabschiedeten sich Chan-King und ich von China. In Begleitung unserer Eltern und vieler anderer Verwandter gingen wir auf die Spitze eines sehr hohen Hügels, wo ein alter Tempel, von dem aus man kilometerweit eine herrliche Aussicht hatte, zufrieden im grauen Sonnenschein zwischen den Felsen kauerte. Es war ein Tempel der drei Religionen, in dessen Außenhof riesige Steinbilder von Konfuzius, Buddha und Laotse gruppiert waren. Gemeinsam stiegen Chan-King und ich auf den Gipfel des terrassierten Felsens. Ich blickte um mich, hinunter auf das stolze, helle kleine Dorf, das wach und farbenfroh am Hang lag, auf die verstreuten fruchtbaren Flecken inmitten der kargen Berge, wo Tiger ihre Höhlen bauen. Die ewigen Hügel erstreckten sich über den tiefhängenden, bewölkten Himmel und rollten still und schattenerfüllt von uns weg. Eine aufwallende Liebe zum Boden unter meinen Füßen, ein Festhalten an der Erde Chinas überwältigte mich. Ich wollte niederknien und diesen geliebten Staub küssen. „Oh, Chan-King", sagte ich zitternd vor Erregung, „das ist unser Zuhause! Ich wünschte, wir müssten nicht weg, nicht einmal für einen Tag!"

„Wir werden bald wiederkommen", sagte er auf Chinesisch, „und wir werden hier leben, wenn wir alt sind."

An diesem Abend saßen wir zusammen im ruhigen Garten. Aus Mutters Gemächern drang die Stimme ihres jungen Neffen, der die Lektionen für den nächsten Tag sang. Wir hörten die gedämpfte Fröhlichkeit zweier kleiner Mädchen, die sich in der Halle dahinter gegenseitig neckten. Auf dem äußeren Weg fuhr eine Sänfte mit rhythmischem Schwanken vorbei, und das Knarzen der Bambusstützen begleitete das sanfte Klopfen der in Sandalen gehüllten Füße der Träger.

Aus unterschiedlichen Entfernungen ertönte das Klirren eines Messinggongs, der die Stille erschütterte, das Stakkato-Geräusch dünner Bambusstäbe, die in einer zylindrischen Schachtel zusammengeschüttelt wurden, der gleichmäßige Schlag einer kleinen Trommelrassel, als die verschiedenen Straßenhändler ihre Waren anpriesen. Über den Hügeln, die jetzt purpurn im Zwielicht lagen, schwang der runde Mond gemächlich in den violetten Himmel. Seltsame Weihrauchdüfte wehten um uns herum. Die Meeresbrise bewegte die Zweige eines Drachenaugenbaums in der Nähe, wo die reifenden Fruchtkugeln sanft gegeneinander klopften wie kleine schwankende Laternen. Lange Augenblicke saßen wir schweigend da und hielten die Hände ineinander.

Aus dieser Stille sprach mein Mann leise Worte, die ich schon lange zu hören gesehnt hatte: „Die Abwesenheit, Margaret, lehrt uns vieles. Einmal hat sie dir dein eigenes Herz gezeigt. Dieses Mal hat sie mich gelehrt, mit dir an die Unsterblichkeit einer Liebe wie der unseren zu glauben. Körperlich mögen wir manchmal getrennt sein, aber geistig und spirituell sind du und ich für alle Ewigkeit eins."

Der Mond stieg höher, golden, vollkommen, so wie unsere Liebe.

Ein paar Tage später segelten wir nach Amerika. Der Rest kann in wenigen Worten erzählt werden, denn schließlich können keine Worte es angemessen ausdrücken. Eine Woche nach unserer Ankunft in Amerika erkrankte Chan-King an Grippe. Mehrere Jahre lang hatte er im Schatten einer langsamen Krankheit gelebt, aber mit starker Widerstandskraft und so lebhaften wiederkehrenden Phasen guter Gesundheit, dass wir diese frühe und unheilvolle Bedrohung eine Zeit lang fast vergessen hatten. Aber all diese Jahre des Kampfes wurden gegen ihn ins Wanken gebracht, als die entscheidende Stunde kam. Nach sechs Tagen starb er. Leise, mit schrecklicher Unerbittlichkeit, schloss der Tod über ihm. Wir fürchteten zwar ein plötzliches Ende, konnten aber dennoch nicht an eine solche Katastrophe glauben. Wir gaben uns gegenseitig so viel Zusicherung wie möglich: Unser letzter Abschied war eine einfache Erneuerung des Glaubens, ein festerer Zusammenschluss unserer Hände für unseren Weg in die Dunkelheit. „Von der ganzen Welt bist du meine Liebe", sagte er viele Male. „Mehr als jeder andere hast du mich verstanden, du warst unfehlbar – du warst meine Frau." Und beinahe noch während er sprach, hielten meine Arme meinen lebenden Geliebten nicht mehr, sondern nur noch den Lehm, in dem sein Geist gewesen war und nie mehr hinkommen würde.

Den sichtbaren Beweisen zufolge ist meine Geschichte also zu Ende. Aber sie hat für mich neu begonnen, nicht wie ich es mir gewünscht oder erhofft hatte, sondern auf einer Ebene, die ich ertragen kann. Denn ich habe meine Kinder und meine Erinnerungen und mein Zuhause in China, das mit der sanften Heilung von Anblick, Klang und Ort auf mich wartet ... und ich habe gelernt, dass wir in Liebe, und nur in Liebe, aus dieser Niederlage des Körpers einen spirituellen Sieg erringen können.